거친 밥 한 그릇이면 족하지 않은가

거친 밥 한 그릇이면 족하지 않은가

초 판 1쇄 발행일 | 2009년 11월 25일
초 판 3쇄 발행일 | 2012년 1월 13일

지은이 | 이승환
펴낸이 | 하태복

펴낸곳   이가서
주소   서울시 영등포구 양평동2가 37-2 4F
전화·팩스 02-336-3502~3   02-336-3009
등록번호   제10-2539호

ISBN 978-89-5864-272-5 03810

가격은 뒤표지에 있습니다.
잘못된 책은 바꾸어 드립니다.

거친 밥
한 그릇이면
족하지 않은가

글 이승환 | 사진 최수연

이가서

책을 엮으며

탁한 세상에 떨어지는 맑은 물방울들

"선배, 이거 책으로 묶어요."

이 책의 편집진행자이자 아내의 '절친'이기도 한 허주영 씨가 그동안 내가 만나고 다뤄온 인물 기사를 한 데 모아 출판하자고 했을 때, 처음에는 극구 손사래를 쳤다. 안 그래도 한두 출판사에서 의뢰가 왔지만, 시간이 꽤 흐른 기사를 가필하고 다듬는 데 자신이 없었을 뿐 아니라 좁은 식견으로 쓴 글을 엮는 게 그분들에게 실례가 되지 않을까 하는 우려로 거절해온 터였다.

잊을 만하면 책 이야기가 이어지던 와중에, 자연스럽게 만들어진 어느 술자리에서 그날따라 나의 공명심마저 발동해 결국 고개를 끄덕이고 말았다. 혹 책에 소개된 분들께 누가 되었다면 용서를 구하며, 이 책이 정보 홍수의 시대에 나 또한 문자 공해 한 줌 더하는 일만은 아니기를 바랄 뿐이다.

이 책에 실린 인물들은 농민신문사에서 발행하는 월간 《전원생활》의 '무늬가 있는 삶'이라는 코너에서 만나왔던 분들이다. 《전원생활》은 새마을운동 시절 최고의 잡지였던 《새농민》의 맥을 이은 생활교양지로, '무늬가 있는 삶'은 1999년부터 연재를 시작했다.

당시만 해도 경제한파가 세상을 휩쓸고 지나간 뒤라 누구나의 마음속에 근심이나 절망이 자리하고 있을 때였다. 물질만능주의가 답이 아닌 건 분명한데, 사람들은 길을 찾지 못하고 있었다. 그때 떠오른 것이 맑은 물방울이었다. 흙탕물 웅덩이에 맑은 물이 방울방울 계속 떨어지다 보면 나중에 웅덩이가 맑아지듯, 혼탁한 세상에 맑은 물 한 방울이 되는 사람들이었다. 그들을 만나고 소개하는 게 삭막한 세상에 조금이나마 희망과 온기를 불어넣는 일이 아닐까. 그런 의도로 시작한 게 '무늬가 있는 삶' 코너다.

그로부터 10년이 지났지만, 안타깝게도 현실은 그때보다 크게 나아지지 않았다. 아니, 세상은 더 '탁하고 쓸쓸하고 가난해졌다.' 그래서 이 책이 지금에도 의미를 가질 수 있지 않을까, 조심스럽게 기대해본다.

물론 이 코너를 꾸려오는 과정에서 적임자임에도 매체 등장을 거부해 만나지 못한 경우도 많았고, 가끔 기획 의도에 꼭 들어맞지 않은 분을 소개한 적도 있었지만, 큰 틀에서는 우리 시대의 맑은 물방울들을 웬만큼 찾고 만나왔다고 생각한다. 그리고 그분들과의 만남은 내 인생관도 크게 바꿔놓았다. '사람새끼는 서울로 보내야 한다'는 시골 아버님의 정책에 따라 별 생각 없이 서울에서 대학을 나오고 직장생활을 했는데, 그분들 덕분에 내 삶을 되돌아보며 거칠게라도 방향을 정한 것이다. 아버님께는 죄송한 노릇이지만 내 꿈은 '하늘의 시를 땅에 쓰는' 농부다. 자식이 당신의 길을 존중하며 따르겠다는데 너그러이 이해하시겠지.

농민신문사 기자로서 농촌에 애정 좀 보태자면, 갈수록 농촌이 어렵다. 가슴에 멍은 점점 느는데, 여름이면 폭우에, 겨울이면 폭설에 기상이변은 왜 그리도 많은지. 어느 한 지방에 치우침 없이, 올 겨울에는 눈이라도 좀 골고루 내렸으면 좋겠다.

2009년 11월 이승환

차례

책을 엮으며 · 4

1부 내 안에 이는 바람

"눈 떠 있는 한 계속 찍을 거요" _최민식   10
"철수 씨 고마워" _이철수   24
'삽시간의 환상'을 찍다 _김영갑   38
어미 살모사를 자처한 불사조 _조훈현   50

2부 쓸쓸하고 가난한 세상을 위하여

내가 하는 일도 과연 지렁이와 같은가 _이외수   64
애기똥풀도 모르는 것이 저기 걸어간다 _안도현   76
세상이 쓸쓸하고 가난할 때 빛나는 사람 _고재종   90
시인들의 교실 _김용택   106
그들, 숲처럼 만나 숲처럼 나이 들다 _서민환·이유미   120

3부 하늘의 시를 땅에 쓰다

거룩한 농부 _원경선   134
"앗다 요놈들, 올 한 해도 애썼다" _강대인   150
연필처럼 살다 가야지 _전우익   166
잡채밥 한국인 _두봉   178

4부 자연은 우리에게 '이렇게 말했다'

나는 자연에게 '그렇게 들었다' _윤구병   192
돌팔이? 돌파리! _임락경   210
인드라망의 빛나는 구슬들 _도법   224
"언젠가는 춤으로 설교를 대신할 거야" _조화순   236
나는 늙은 농부만 못하다 _이병철   248

삶이라는 흐름 속에 마주해야 하는 기쁨이나 혹은 외로움 허무 따위 절망적안 감상까지 씻어줄 것 같은 황홀함은, 그야말로 삽시간에 끝이 나고 맙니다…나는 사진을 찍는 것이 아니라 이미지를 발견하고 그것이 내 곁에 오래 머물도록하기 위해 존재해왔습니다. 그래서, 나는, 자유입니다.

1부

내 안에
이는
바람

최민식

ⓒ 최수연

최민식의 손에 들린 것이 카메라라고? 아닐 게다.
그는 '혼을 빼내는 마술 상자'를 들고 있는 것이다.
혼을 빼내는 마술 상자가 아니고서는 그의 작품이 그렇게까지 아프고,
짜르르하고, 어쩔 수 없을 수가 없다.
지금까지 그가 빼내온 혼들, 그 영원한 주제는 '인간'이다.

"눈 떠 있는 한 계속 찍을 거요"

최민식_사진가

●

봄날 맑은 오후, 부산 경성대학교 앞. 건빵바지를 입고 나이키 야구 모자를 쓴 일흔둘 된 노인이 41번 시내버스에 오른다. 자갈치시장으로 가는 버스다. 그의 왼쪽 어깨에는 동키 카메라 가방이 걸려 있고, 오른쪽 어깨에는 80~200mm 렌즈를 끼운 니콘 F4 카메라가 걸려 있다. 그 질기다는 동키 카메라 가방은 헤질 대로 헤졌고, 카메라 앞에 달린 후드는 지나치다 싶을 정도로 일그러져 있다.

만원은 아니지만 빈 좌석은 없는 시내버스. 하지만 아무도 자리를 내주지 않는다. 건빵바지와 나이키 야구 모자가 실제 나이를 감춘 것일까. 그게 아니라면, 자리를 내주지 않는 게 아니라 아무도 관심을 갖지 않는 걸로 보아, 액면 그대로의 모습이 제 나이보다 20년은 족히 젊어 보이기 때문일 수도 있다. 아무튼 이래저래 그는 젊(어 보인)다.

버스가 남포동에 서고 그가 하차한다. 역시 나이답지 않은 빠른 걸음걸이로 5분쯤 뒤, 자갈치시장으로 이어진 골목으로 접어들면서 카메라를 든 그의 손이 긴장된다. 시장 골목을 두리번거리는 그의 눈이

번뜩인다. 꼬깃꼬깃해진 1000원짜리 지폐를 만지작거리는 아줌마가 눈에 들어온다, 찍힌다. 장정 하나가 낑낑대며 생선궤짝을 나르고 있다, 찍힌다. 비린내 나는 좌판에서는 봄바람을 못 이긴 노파가 꾸벅꾸벅 졸고 있다, 역시 여지없이 찍힌다. 몇 컷을 챙긴 그는 또 다른 '결정적인 순간'을 찾아 나선다. 시장바닥을 서성이는 그의 모습은 '떡 하나 주면 안 잡아먹겠다'며 슬금슬금 숲에서 나오는 노쇠한 호랑이 같기도 하고, 귀먹은 악성(樂聖) 베토벤이 음악에 몰입하고 있는 것 같기도 하다.

필름을 갈아 끼우기 위해 '고기 사이소' 소리가 요란한 좌판 한 모퉁이에 쪼그리고 앉는 그. 하지만 이곳에서 그를 신경 쓰는 '자갈치 아지매'는 아무도 없다. 이 바닥만 40년 넘게 훑고 다녀 누구나 한번쯤은 그의 앵글에 잡혔을 법한데도, 그는 그대로고 아지매들은 아지매들대로다. 하지만 이것이 그와 자갈치시장 사이의 법칙이고 존재방식이다. 물론 그는 아지매들을 너무 잘 알고 있고, 아지매들 또한 그를 너무 잘 안다. 아지매들에게는 유명한 사진가보다는 생선 한 마리 더 파는 것이 중요하다. 그에게는 알은체하지 않고 '니 맘대로 찍어라'며 가만히 놔두는 것이 고맙다. 이렇게 그와 자갈치는 소 닭 보듯 닭 소 보듯 무관심한 척함으로써 서로를 돕는다.

그때, 결정적인 피사체가 발견된 듯 그가 잽싸게 모자챙을 뒤로 돌린다. 아직은 쌀쌀한 봄바람을 피하려 함인지 머리에 까만 비닐봉지를 덮어 쓰고 생선을 다듬고 있는 자갈치 아지매다. 순간, 경쾌하게 그

아지매들에게는 유명한 사진가보다는 생선 한 마리 더 파는 것이 중요하다. 그에게는 알은체하지 않고 「니 맘대로 찍어라」며 가만히 놔두는 것이 고맙다.

의 서터가 찰칵인다.

"도마뱀 이야기 알아요? 집수리를 위해 지붕을 뜯는데, 지붕 들보에 도마뱀 한 마리가 꼬리에 못이 박힌 채 살아 있더라는 얘기. 그 도마뱀은 10년 전 집을 지을 때 재수 없게 우연히 못에 박혔던 거지요. 그런데 집 주인은 궁금하지 않을 수 없었어요. 도대체 이 움직이지도 못하는 도마뱀이 어떻게 10년 동안이나 살아 있었을까. 여러 날 유심히 관찰해보니까, 놀랍게도, 다른 도마뱀 한 마리가 먹이를 물고와서 먹여주고 가더랍니다. 두 도마뱀은 10년 동안 그렇게 살아온 겁니다. 이 이야기, 너무 인간적(?)이지 않아요?"

자갈치시장을 훑고 난 후 가끔 들린다는, 부산 중앙동 뒷골목에 있는 50년 전통의 돼지국밥집 '하동집'에서 최민식이 뜬금없이 꺼낸 것은 도마뱀 이야기였다. '갑자기 웬 도마뱀 이야기…'라는 의문이 이야기 끝부분에 와서 짜릿한 감동으로 남는다. 아름다움·숭고함·비장함…. 그런데 그가 왜 이 이야기를 꺼냈을까. 그는 이 이야기를 가장 좋아한다고 했다. 슬퍼서 아름다운 비장미. 이쯤에서 최민식의 작품이 하나씩 떠오른다.

그의 작품이 주는 감동도 이랬다. 산비탈에 간신히 매달아놓은 천막 밖으로 나와 날품팔이 나간 부모를 기다리는 아이, 지저분한 선거 벽보 아래 《필론의 돼지》처럼 잠들어 있는 거지 노인, 낙서 가득한 담

밑에서 고구마를 팔다가 찢어져라 하품을 하는 행상 여인, 판자때기 하나로 비를 피하고 있는 꼬마, 고개 숙인 막노동꾼…. 그의 사진을 보는 일은 누구에게나 아픔이다. 그의 사진은 충격이며, 소리 없는 아우성이며, 휴머니즘이다. 《난쏘공(난장이가 쏘아올린 작은 공)》의 소설가 조세희는 그의 작품을 일러 '종이 거울 속의 슬픈 얼굴'이라 했고, 인제대학교 김열규 교수는 으뜸가는 사진가라는 뜻에서 그를 '진백(眞伯)'이라고 불렀다. 정말 그는 종이 거울 속의 슬픈 얼굴을 통해 아름다운 세상을 만들고 있는 진백이다.

최민식이 사진을 시작한 건 한 권의 책 때문이었다. 1955년, 미술이 좋아 부산에서 일본 후쿠오카로 가는 밀항선을 탈 때까지만 해도 그가 카메라를 만져본 거라곤 군대 있을 때 부대장에게 잠깐 빌려 썼던 고물 자동카메라가 전부였다. 도쿄에서 학원을 다니며 미술을 공부하던 어느 날 헌책방에 들렀을 때, 그는 미국의 사진가 스타이켄이 편집한 사진집 《인간 가족》을 보았다. 빨려들 것 같았던 인간 본연의 사진 503점. 그때부터 그의 인생은 정해졌다.

자신 또한 뼈저린 가난을 겪었기에, 그의 손에 들린 카메라의 초점은 고난과 시련을 겪는 인간의 아픔에 고정됐다. 귀국해서 정착한 부산의 자갈치시장 1km 남짓한 거리에 인간의 애환이란 애환은 다 모여 있었다. 전쟁 뒤끝이라 방방곡곡의 사투리가 뒤섞여 있었고, 모두가 치열하고 서럽고 착한 이웃들이었다. 그는 자갈치시장에 매달렸다. 자갈치시장은 결코 마르지 않았다. 오늘 찍은 게 내일은 또 바뀌어 있었다. 그의 카메라에서 리얼리즘과 휴머니즘이 참 많이도 태어나고 살아났다.

"태어난 곳은 황해도 연백이지만, 자갈치시장이야말로 영원한 마음의 고향이지요. 나를 자갈치 아저씨라고 부르는 사람도 많아요. 내 작품은 대부분 이 바닥을 떠도는 표정과 언어들이니까."

최민식의 주된 피사체는 혼이 담긴 얼굴이다. 그는 지금까지 10권이 넘는 《인간》들의 혼을 빼내왔다. 그의 《인간》 시리즈는 계속된다. 사람살이에 똑같은 게 있을 수가 없고 희로애락 역시 저마다 다른 모습으로 표현되기 때문이다. 1968년에 낸 《인간》 1집은 우리나라 최초의 사진집이었고, 10집이 넘는 사진집을 낸 것도 우리나라에서 그가 처음이다. 많은 사진가들은 이 주제 저 주제 다양하게 섭렵해왔지만, 이 위대한 사진가는 사람에만 매달리며 40년 넘게 살아왔다. 또한 그의 사진집에 컬러는 없다. 모두 흑백이다.

"내가 천착하는 소재가 겉보기에 아름다워 보이지는 않잖아요. 그래서 흑백을 택했지요. 깊이도 있고, 사진 수명도 길고. 외국의 경우도 저널리즘을 하는 사람은 대부분 흑백을 고집합니다."

최민식은 포장된, 잔뜩 폼을 낸 '살롱 사진'을 싫어한다. 오직 저널리즘에만 충실했을 뿐 돈을 위해 외도를 해본 적도 없다. 조금씩 들어오는 돈은 사진을 위해 다시 다 나갔다. 이름만 대면 알 만한 사람은

자갈치시장은 결코 마르지 않았다. 오늘 찍은 게 내일은 또 바뀌어 있었다. 그의 카메라에서 리얼리즘과 휴머니즘이 참 많이도 태어나고 살아났다.

"내 인생이 얼마 남았는지는 모르지만, 앞으로도 계속 아슬아슬하겠지. 하지만 눈 떠 있는 한 나는 계속 찍을 거요."

다 아는 유명한 사진가지만, 여전히 그는 빚에 허덕인다. 그러나 그는 가난에 감사하고 만족한다. 배가 부르면 사진은 끝이라고 믿기 때문이다. 지금껏 그는 땀에 전 가난한 이웃의 삶을 사진에 담아왔으며, 그것을 통해서만이 그의 카메라는 제 역할을 다해왔다.

그는 자신을 '재래식'이라고 표현한다. 여러 가지 문명의 이기를 그다지 누리지 않고 살아온 까닭이다. 물론 운전도 할 줄 모른다. 아니, 안 했다. 속속들이 보려면 속도로부터 자유로워져야 하는 법, 수없이 자갈치시장을 오가면서도 모두 걷거나 버스를 탔다. 그러면서 36컷짜리 필름을 하루 10통 씩, 1년에 13만 컷의 사진을 찍어왔고, 칼로도 찢어지지 않는다는 동키 카메라 가방을 10여 개나 바꿔왔다.

돼지국밥 한 그릇 소주 반 병에 그의 얼굴이 발그레해진다. 오직 한 길을, 혼자서만 걸어왔기 때문일까. 그의 얼굴에 얼핏 고독이 스친다.

"나의 삶이나 나의 사진 모두, 절름발이가 외나무다리를 건너는 것처럼 아슬아슬하게 해나온 것 같아요. 추락하지도 않고 올라가지도 않고 아주 아슬아슬하게. 걸림돌이 많았지만 사진도 꾸준히 찍어왔고, 그럭저럭 삶도 이끌어왔고. 글쎄, 내 인생이 얼마 남았는지는 모르지만, 앞으로도 계속 아슬아슬하겠지. 하지만 눈 떠 있는 한 나는 계속 찍을 거요."

· ·

 최민식의 손에 들린 것은 여느 사진쟁이들이 들고 있는 카메라가 아니라 '혼을 빼내는 마술 상자'인지도 모른다. 그렇지 않고서야 그의 작품이 그렇게까지 가슴 아리고 속이 짜르르하고 어쩔 수 없을 수가 있을까. 나는 보았다. 동행한 사진기자가 그의 얼굴에 카메라를 들이댈 때마다 긴장하며 몸이 빳빳해지는 것을. 문학도에게는 시인이나 소설가가 우러름의 대상이듯 사진기자들에게는 전업 사진가가 곧 하느님이고 부처님일 터. 공자 앞에서 문자 쓰고 번데기 앞에서 주름잡는 것은 누구에게나 어렵고 힘든 일이다.

 나와 사진기자를 더욱 놀래킨 것은 그의 서재였다. 그의 집은 담장 하나를 사이에 두고 경성대학교와 마주하고 있는 2층짜리 낡은 양옥집이었는데, 방마다 책으로 빼곡한 2층은 얼른 봐도 자그마한 도서관 규모는 돼보였다. 장서들의 분야 역시 사진 쪽에만 편중되지 않았고, 인문과학·자연과학·문학·철학 등 장르 또한 가리지 않았다.

 위대한 예술은 창조적 사고에서 나오며, 창조적 사고는 모든 분야를 아우르고 통합할 수 있을 때 가능하다. 사진 역시 마찬가지여서, 좋은 사진을 찍으려면 셔터만 잘 눌러서는 안 되고 광범위한 인문학적 소양과 세상을 짚는 깊은 안목이 필요하다. '결정적인 순간'은 현실에 널려 있지만 그것을 잡아내고 예술성을 부여하는 직관은 작가의 지식과 의식의 총체에서 기인함을 최민식은 증명하고 있었다.

 '하동집'에서 술잔을 기울이며, 최민식은 하소연삼아 그간의 고충

몇도 털어놓았다. 첫째는 우리나라는 사진 찍기 참 힘든 나라라는 것. 늙수그레한 사람이 카메라 가방 들고 돌아다니는 게 수상해보였던지 종종 간첩 신고가 들어가기도 했고, 가난과 밑바닥의 삶을 소재로 하다 보니 '정부 불만분자'라며 사정기관의 미행을 받기도 했다. 1960년대 후반부터 1980년대 초반까지는 경찰서에 잡혀가 '밝고 건전한 사진만 찍겠다'고 각서 쓰는 게 일이었다고 한다. 1968년 울릉도 간첩사건 때는 체포된 간첩의 소지품에서 수류탄·난수표 등과 함께 그의 사진집이 딸려나와 그를 당황하게 만들기도 했다. 이렇다보니 전두환 정권 때는 삼청교육대 입소 명단에 들기도 했는데, 마침 아는 형사가 미리 귀띔을 해줘 보름 넘게 피신해 있었기에 망정이지 그때 잡혀갔더라면 사진이고 뭐고 병신이 돼서 나오는 것은 불 보듯 뻔한 일이었다.

그 다음은 사진도 하나의 예술 장르이며 사진집도 돈 주고 사볼 가치가 있는 책으로 봐달라는 당부였다. 사실 사진을 전공한 사람치고 사진 팔고 사진집 팔아 입에 풀칠하는 사람은 거의 전무하다. 곧 전업 사진가라는 직업군은 존재하지 않는 셈이다. 셔터만 누르면 누구나 찍을 수 있는 게 사진이며 쉽게쉽게 넘어가는 사진집에 돈을 들이기에는 아깝다는 생각이 만연한데 어떻게 제2, 제3의 최민식 또는 한국의 로버트 카파나 앙리 카르티에-브레송 같은 대가를 기대할 수 있을까.

마지막 잔을 앞에 앉은 후배(사진기자)에게 권하며 던진 그의 말이 아직도 귀에 선하다.

"너무 배가 불러도 안 되고 그렇다고 돈 없이도 안 되고…. 우야 됐던 무거운 카메라 가방 메고 돌아다니는 사진쟁이들은 몸이 재산이니 건강 하나만큼은 단디 챙겨두게."

최민식

1928년 황해도 연안에서 태어났다. 1957년 일본 도쿄 중앙미술학원을 졸업하고, 독학으로 사진을 연구하면서 인간을 소재로 한 사진을 찍기 시작했다. 1962년 대만국제사진전에서 처음으로 두 점이 입선된 이후, 미국·독일·프랑스·영국 등 20여 개국의 여러 사진공모전에서 220점이 입상·인선되는 등 세계적인 공감을 불러일으켰다. 1970년부터 미국·독일·프랑스·일본 등 7개국에서 15회의 개인초대전을 가졌다. 현재 미국사진가협회(PPA), 미국사진협회(APSA), 한국문인협회 회원과 한국사진가협회 자문위원으로 있으며, 부산대와 인제대 등에 출강하고 있다.

1968년 사진집《인간》제1집을 낸 이후, 2004년《인간》제12집을 출간했으며,《사진이란 무엇인가》《종이 거울 속의 슬픈 얼굴》등의 저서를 펴냈다.

부산시문화상·한국사진문화상·도선사진문화상·현대사진문화상·예술문화대상 본상·대한사진문화상·부산방송 문화대상·부산사진문화상·동간사진상 등을 수상했으며, 대한민국문화훈장을 받았다.

이철수

ⓒ 최수연

달력·엽서 등 이제는 우리 주변에서 쉽사리 찾아볼 수 있는
이철수의 판화는 들판에 쌓이는 노란 가을 햇살인 양,
등 따신 아랫목인 양 하나같이 편안하고 따뜻하다.

"철수 씨 고마워"

이철수_판화가

●

바람에 구별이 있을까. 꼭 절집이 아니어도 풍경소리는 여여하고 허허롭다. 충북 제천시 평동 이철수 화백네 집에도 바람이 머문다. 천등산 박달재를 울며 넘어온 바람은 지붕을 타고 집 안으로 들어왔고, 그때마다 처맛기슭의 풍경도 댕그랑댕그랑 화답을 하고 있었다.

풍경소리 가득한 마당을 가로질러 동남향의 안채로 들어서니 또 다른 소리가 들린다. 사각거리는 소리가 부드럽다. 판화가 이철수가 목판을 깎아내는 중이다. 매끈하지 않은 손이지만 칼놀림이 경쾌하고 빈틈이 없다. 칼질을 따라 나무 찌꺼기들이 톡톡 튀어나온다. 마치 칼이 춤을 추는 듯하다.

아내가 차를 내와도, 전화가 와도 작업은 계속된다. 오른손으로는 칼을 놀리고 왼손으로는 차를 받고 전화를 받는다. 고개를 드는 일이라고는 가끔씩 창밖을 바라보는 일뿐이다. 그때 창밖 멀리서 확성기 소리가 들려온다.

"어디서 들리는 소리지요?"

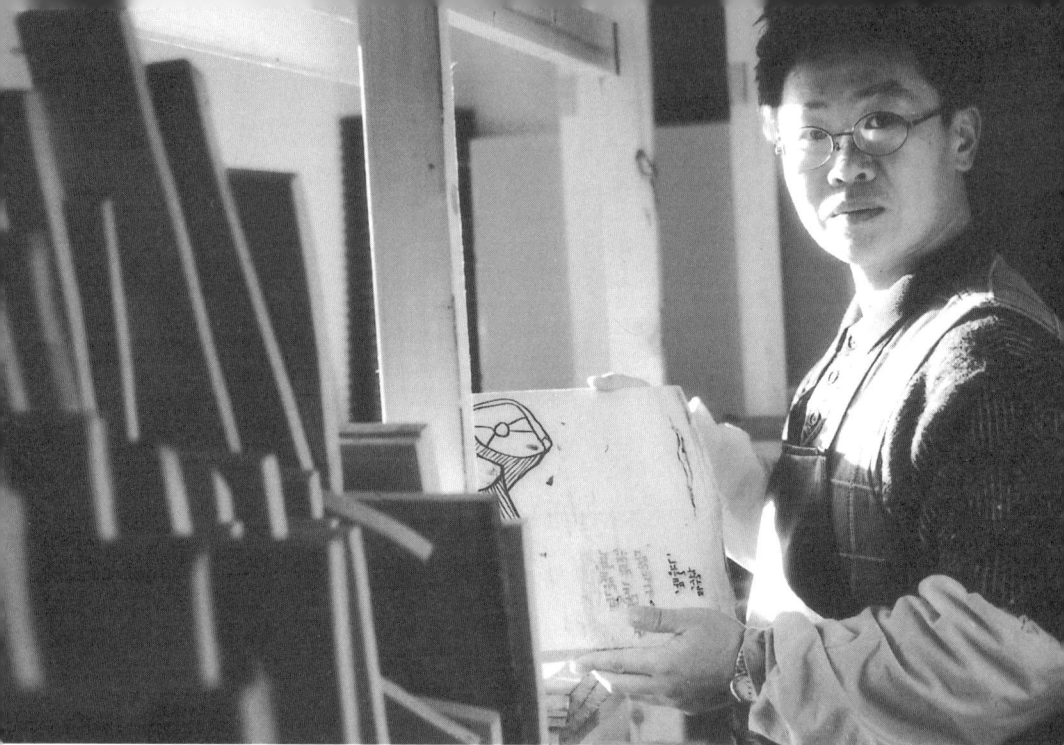

선(禪)을 가까이하면서 변혁운동도 그런저런 욕심에서 말미암을 수 있음을 깨달은 그는 자기 자신에게 얼마나 맑고 순결해져야 이 세상에 스스로 설 수 있을까를 다시 물었다.

"아마 이장님 댁일 거예요."

"아, 오늘 규산질비료 가져가라고 했는데."

아내에게 확성기 소리의 출처를 확인한 이철수는 새김칼을 내려놓고 서둘러 면장갑을 낀다. 농촌에 뿌리내리고 농사와 판화를 겸업하는 이상 이장의 방송에 늑장을 부릴 수는 없다. 옆집에서 리어카를 빌려 나간 동구에는 아직 아무도 나오지 않았다. 아마 다른 사람들은 경운기를 끌고 나올 것이다. 비료 열댓 포대에 리어카가 꽉 찬다. 예순 포대를 가져가라 했으니 네 번은 실어 날라야 한다. 마지막 리어카를 끌고 논으로 갈 때쯤, 온 동네 경운기 소리가 몰려오기 시작한다.

서울이 고향인 이철수는 1986년 박달재 아래 평동 마을로 들어왔다. 물론 농촌 생활이 처음은 아니다. 사회적 욕구와 자신의 열정이 맞물려 '민중 판화가'로 이름을 날리던 1980년대 초반, 경북 의성 효선리 산골짜기에 잠시 칩거한 적이 있다. 그곳에서 농민의 삶을 보고 느끼면서 두번째 개인전을 준비했었다. 1985년 개인전을 가진 뒤, 마침내 서울 생활을 접고 진짜 농민이 되기로 했다. 그때 20대 무명화가 시절부터 알고 지내던 '이아무개' 이현주 목사가 평동 마을을 소개했다.

평동에 들어와서 논을 사고 농사를 지었다. 서툴렀지만 이웃에게 물어가며 그냥 지었다. 가끔씩 농사도 잘 돼, 어떤 해는 마을에서 가장 소출이 좋을 때도 있었다. 마을 사람을 사귀는 것도 게을리 하지 않았

농촌에 뿌리내리고 농사와 판화를 겸업하는 이상이 장의 방송에 늑장을 부릴 수는 없다. 옆집에서 리어카를 빌려 나간 동구에는 아직 아무도 나오지 않았다.

다. 평동으로 내려온 지 5년 만에 이장도 맡았다. '우리 마을 생기고 가장 열심히 하는 이장'이라는 소리도 들었다. 타관바치지만 모두 '이 선생, 이 선생' 하며 그를 한 식구로 맞아주었다.

발을 대고 있는 터전의 영향일까. 평동 생활을 시작한 뒤로 이철수의 작품 세계도 크게 달라졌다. 목판에 울분과 저항을 각인했던 1980년대 중반까지만 해도 그의 작품은 민중판화의 선구자이자 정신적 스승인 오윤과 맞닿아 있었다. '오윤 형이 있으므로 내가 있다'고 말하듯 이철수 판화의 밑바닥에 오윤의 칼맛과 향기가 스며 있음은 알려진 대로다.

그랬던 그의 작품 세계가 오윤을 벗어나기 시작한 게 평동 정착 무렵으로, 판화에 뜻을 두고서부터 쭉 민중 정서에 닿아 있던 그의 판화는 귀농과 함께 자신을 조용히 되돌아보면서 바뀌기 시작했다. 선(禪)을 가까이하면서 변혁운동도 그런저런 욕심에서 말미암을 수 있음을 깨달은 그는 자기 자신에게 얼마나 맑고 순결해져야 이 세상에 스스로 설 수 있을까를 다시 물었다.

나를 편히 앉히기 위해 남을 내치지 않았다면 이 시절의 지치고 상한 마음들이 이토록 많을 리 없습니다. 욕심의 밭에는 '함께'나 '더불어'의 큰 뜻이 심기지 않습니다.

―1990년 낸 판화집 《새도 무게가 있습니다》 후기 중에서

그는 시대가 입혀준 무겁고 낡은 옷을 굳이 벗어버리려고 하지도 않았고 그 옷에 힘겨워하지도 않았다. 다만 욕심을 버리니 선(禪)이 눈에 들어왔고 삶을 다시 보니 모든 게 새롭게 느껴졌다. 민중 판화가 이철수가 선의 세계를 거쳐 생활 속으로 들어온 것이다. 이철수에게 선이란 멀리 있지도 않았고 어려운 일도 아니었다. 마음을 깨끗이 하고 그것을 그대로 그림으로 옮기면 선이 되었다. 그가 만난 스님들의 이야기는 말할 것도 없었고, 바람·소리·햇살·물·나무·새·산 모든 것에 선이 담겨 있었다. 농촌에서의 삶도 훌륭한 작품 소재였다. 들일을 마치고 노을을 바라보는 자신의 모습, 제정신이 아닌 동네 할머니 이야기, 배추밭에 가득한 노랑나비, 배춧잎이 동동 뜨는 물김치…. 참 많은 것이 그의 판화 안으로 들어갔다.

이철수는 겨울에만 판화 일을 한다. 봄·여름·가을에는 들일만 한다. 겨울 동안 꼬박 판화에 매달려 100여 점을 만든다. 1년에 100점이라는 이야기에 '기계'라고 말하는 이들도 있다. 그러면 이철수는 '밥 먹고 하는 일이 이건데 도대체 그대들은 뭐 하는가'라고 되묻는다. 판화 채색의 비결이 뭐냐고 묻는 사람에게는 '그냥 내 느낌대로 공을 들일 뿐'이라고 말하고, 판화 안에 든 글씨를 궁금해 하는 사람들에게는 '평소 쓰는 글씨체일 뿐'이라고 대답한다. 이철수에게 특별한 것은 없다. 여느 농가 밥상 위의 물김치 같은, 무생채 같은 느낌이면 족하다.

짧은 겨울 오후, 어느새 햇볕은 마을 뒤쪽 박달재 꼭대기에만 살짝 남아 있다. 이철수는 작업한 목판을 들고 마당으로 나온다. 당장 찍지 않을 목판은 통풍이 좋은 곳간에 잘 간수해둬야 한다. 오늘은 한 점밖에 완성하지 못했다. 취재 온 기자 응대한다고, 비료를 실어 나른다고 시간을 빼앗긴 탓이다.

이날따라 전화도 많이 왔다. 이철수에게는 '선생님을 뵙고 싶다'며 불쑥 전화를 걸어오는 이들이 종종 있다. 걸려온 전화를 간곡하게 거절하는 것은 보통 힘든 일이 아니다. 겨울 한철 작업하는 것이기에 일에도 지장이 많다. 하지만 판화가 너무 좋아서 그렇다며, 아이들에게 판화를 꼭 보여주고 싶다며 오랫동안 전화통에 매달리는 데는 도리가 없다. 어쩔 수 없을 때는 이철수도 어쩔 수 없이 반갑게 맞을 준비를 해야 한다. 찾아왔다 기쁘게 돌아가는 모습에서 '내가 조금 양보하면 모두가 즐겁구나' 생각도 한다.

목판을 갈무리하고 곳간 문을 닫을 때쯤, 하루 종일 조용하던 '갑순이'가 대문 밖을 향해 기껍게 짖어댄다. 보나마나 아랫집 전주댁 할머니다. 이철수를 친구 삼고 있는 전주댁 할머니가 또 무슨 음식을 들고 오신 게다. 오늘도 할머니는 약주를 한잔하셨다. 6·25 때 정신이 조금 이상해진 채로 이곳 평동으로 들어왔다는, 식구도 없고 고향도 모르는 할머니다.

"아이구, 또 약주 잡수셨어요?"
"응, 철수 씨. 이것 좀 먹어봐."

할머니가 뚜렷하지 못한 발음으로 가래떡 몇 가닥을 내민다. 흙바람 속을 걸어왔는지 가래떡에는 거뭇거뭇 먼지가 묻어 있지만, 이철수는 맛있게 한입 베어문다. 모두 자기네 마을의 자랑스러운 판화가를 '선생'이라고 부르는데, 단 한 사람 전주댁 할머니만은 '철수 씨'라고 부른다. 이철수는 아내를 청해 할머니에게 담배 두어 갑을 건넨다.

"추운데 방에 군불 뜨듯하게 넣고 주무세요."

"응, 그래. 철수 씨, 고마워."

깔린 땅거미를 지나 전주댁 할머니는 집으로 가고, 사람 따스한 이철수도 바람 몰려올 자리를 피해 집 안으로 들어간다. 이철수가 비워둔 마당에 곧 저녁 바람이 분다. 다시 풍경소리가 요란해진다.

• •

"잡지에는 안 나갑니다. 내 규칙입니다."

취재를 하고 싶다는 말에 이철수는 단호했다. 일말의 여지조차 남기지 않는 강한 거부였다. 막막하고 당황스러웠다. 속도 상하고. 취재 간다고 그의 판화집도 몇 권 사서 읽고 판화 공부도 했는데…. 한참 입맛을 다시다가 다시 전화를 드렸다. 꼭 해야 합니다, 못 한다, 해주십시오, 안 된다, 평소 선생님의 판화를 좋아했습니다, 그렇다면 개인적으로 놀러와라, 제발 한 번만요, 규칙을 깨지 말아달라…. 그렇게 실랑이를 하다가 결국 전화를 끊었다. 서운함에 눈물이 날 것 같았다. 아,

흙바람 속을 걸어왔는지 가래떡에는 거뭇거뭇 먼지가 묻어 있지만, 이철수는 맛있게 한입 베어문다.

들일을 마치고 노을을 바라보는 자신의 모습, 제정신이 아닌 동네 할머니 이야기, 배추밭에 가득한 노랑나비, 배춧잎이 동동 뜨는 물김치…. 참 많은 것이 그의 판화 안으로 들어갔다.

못 만나는구나. 그런데 그렇게 슬픔을 삭이며 한 30여 분이 지났을까. 따르르릉.

"이철숩니다. 허허 참, 그럼 한번 내려와 보세요."

젊은 기자가 상처 받을 게 저어했던지 이철수가 자신의 원칙을 깨고 손수 우리 회사 연락처를 수소문해 다시 전화를 준 것이다(당시만 해도 휴대폰도 보급되지 않았고, 발신자 번호 표시도 되지 않을 때였다). 나는 그렇게 해서 이철수를 만났다.

시절을 한참 거슬러 올라가 그 당시에는 목판화가 뭔지도 몰랐고 누구의 작품인지 관심도 없었지만, 아마도 내가 이철수의 작품을 처음 접한 것은 중학 시절에 읽은 권정생의 동화 《몽실 언니》에서였을 것이다. 권선징악류의 예의바른 동화책만 봐왔던 나에게 가난과 전쟁으로 얼룩진 몽실이의 삶은 한마디로 충격이었다. 배다른 동생을 돌보고 꼽추와 결혼하는 몽실이를 보며 막연하게나마 우리나라 근현대사에 물음표를 달았다고 하면 지나친 자평일까.

아무튼 붉은 포대기로 동생 난남이를 업고 있던 《몽실 언니》는 책 표지부터 남달랐다. 이미 표지에서부터 신산한 세상을 강인하게 헤쳐나가는 몽실이의 삶이 느껴졌는데, 그 유명한 동화의 표지를 장식한 게 바로 이철수의 작품이었던 것이다.

내가 이철수 판화를 좋아하는 또 다른 이유는 사진에 설명을 달 듯 그림을 돕는, 작품을 완성시켜주는 선시(禪詩) 같은 짧은 글 때문이다. 사실 여느 화가들의 작품을 대할 때면 그 자체만으로 모든 것을 해석

하고 이해해야 하기에 미술에 문외한인 나 같은 사람은 여간 마음이 불편하지 않은데, 이철수는 친절하게도 간결한 글을 곁들여 작품 설명을 해준다. 흔한 생활 속의 소재를 가지고 감동을 자아내는 그의 판화와 글을 볼 때면 서화에 두루 능한 그가 부럽기도 했는데, 하긴 고교 시절 신춘문예에 도전할 정도의 문청이기도 했다니….

  달력·엽서 등 이제는 우리 주변에서 쉽사리 찾아볼 수 있는 이철수의 판화는 들판에 쌓이는 노란 가을 햇살인 양, 등 따신 아랫목인 양 하나같이 편안하고 따뜻하다. 취재 이후 그를 다시 만난 적은 없지만, 요즘도 홈페이지 '이철수의 집'(www.mokpan.com)에 수시로 들락거리며, 그가 직접 그리고 쓴 전자엽서를 날마다 하나씩 받고 있다.

  인터뷰 당시 이철수 선생이 들려준 팁 하나. 다 새긴 목판화는 서너 장의 시험 인쇄 후 본격적으로 에디션넘버(작품 복제에 붙이는 일련번호)가 붙는 작품으로 찍어내는데, 보통 스무 장 안팎을 찍는다. 이 중 최고의 가치를 인정받는 것은 네댓번째 작품. 다른 장르의 예술에서는 첫번째 것을 가장 높이 쳐주지만 판화는 이때가 색이 가장 곱게 잘 나오기 때문이란다. 혹 판화에 구미가 당기시는 분이 있다면 참고하시길.

이철수

1954년 서울에서 태어났다. 1981년 첫 개인전 이후 1980년대 내내 민중 판화가로서 이름을 떨쳤다. 1990년부터 관심 영역이 자기 성찰과 생명의 본질로 확대되면서 일상과 자연과 선禪을 소재로 한 새로운 작품에 몰두해왔다. 1981년 이후 국내 주요 도시와 독일·스위스·미국 등지에서 여러 차례 개인전을 열었다.

저서로《새도 무게가 있습니다》《소리 하나》《배꽃 하얗게 지던 밤에》등 판화 산문집,《이철수의 작은 선물》《생명의 노래》등이 있으며, 판화집과 엽서모음집《밥 한 그릇의 행복 물 한 그릇의 기쁨》《가만가만 사랑해야지 이 작은 것들》《자고 깨어나면 늘 아침》등을 출간했다.

김영갑

ⓒ 최수연

나는 사진을 찍는 것이 아니라 이미지를 발견하고
그것이 내 곁에 오래 머물도록 하기 위해 존재해왔습니다.
그래서, 나는, 자유입니다.

'삽시간의 환상'을 찍다

김영갑_사진가

●

김영갑이 왜 저러고 있는가―만 봐달라고 했다. 마흔세 살 노총각이 긴 머리를 묶고 세상물정 등진 채 돌아다녀봐야 그놈이 그놈. 그냥 제주도의 바람과 사진에 미쳐 살아가는 뱃속 편한 놈으로만 여겨달라고 했다. 이런, 이건 분명 삐딱이인데, 편안한 웃음과 잔잔한 목소리는 오히려 '어긋난 팔자라고 니들과 뭐가 그리 다를까보냐'며 되묻고 있었다. 그렇다면 김영갑은 왜 저러고 있는가?

지난 시절, 그는 떠돌이였다. 월남전에 참전했던 큰형이 사진기를 가져올 무렵부터 그의 몸 안에서는 바람이 불고 있었다. 내 앞에 주어진 바늘구멍으로만 세상을 바라보기는 싫었다. 소설가를 꿈꾸며 절간 생활도 해봤고, 가치 있는 삶을 찾아 맹인학교에도 몸담았었다(사진에 뜻을 둔 건 이 무렵이다. 빛을 잃은 맹인들을 필름에 담으면서 김영갑은 떠돌이 사진쟁이를 꿈꾸기 시작했다). 머문다는 것은 더이상 바람일 수 없는 법, 지독한 그리움과 외로움에 전국을 떠돌고 떠돌았다.

그러던 20대가 끝나갈 무렵, 그는 제주도에서 더 큰 바람을 만났다.

어디서 불어오는지도 모르는, 쇠뿔도 휘어진다는 어마어마한 바람이었다. 그 안에 이는 바람을 잠재우는 무서운 바람이었다.

　제주도 사람들에게 바람은 신이었다. 어쩌면 '이어도'라는 마음속의 유토피아를 만들 수밖에 없었던 것도 바람 때문인지 모른다. 벗어날 수 없기에 안고 살아야 하는, 두려움이 사랑이 되는 역설이었다. 결국 그는 제주도에 사로잡히고 말았다. 자신의 바람을 잠재우러 왔다가 더 큰 바람에 사로잡힌 김영갑에게 제주도는 곧 이어도였다.

제주도의 빛은 바람을 타고 흘렀고, 하늘에서도 땅에서도 바다에서도 바람은 찰나, 찰나, 환상을 만들고 있었다. 김영갑은 사진기를 들이댔다. 이 길이야말로 그가 가야 할 길이었다. 요동치는 먹구름과 파도와 억새밭은 곧 바람, 눈에 보이지 않는 바람이었다. 찰나를 사냥하는 동안 어느새 눈과 귀와 코는 하나가 되고 몸 안의 바람은 고요해졌다.

　제주도는 신비로운 기운에 휩싸여 있었다. 눈 뜬 장님들은 볼 수 없는 기운이었다. 편안했다. 두려움이 승화되어 이어도를 낳았듯, 변화무쌍한 바람은 마음속의 번민과 동요를 다스리며 편안하게 불어왔다.

　결정적 순간이란 하나의 대상 앞에서 셔터가 찰칵이는 순간만은 아니다. 찰나의 거장인 포토저널리즘의 아버지 앙리 카르티에-브레송은 '사진가의 의식과 전망이 통일되어 내용과 형식이 합치되는 순간'이 결정적인 순간이라고 했다. 본질을 꿰뚫는 사진가의 사상과 전망

제주도의 빛은 바람을 타고 흘렀고, 하늘에서도 땅에서도 바다에서도 바람은 찼나, 찼나, 환상을 만들고 있었다.

을 향한 긴 시간의 싸움이 하나가 될 때 좋은 사진이 나오는 것이다. 김영갑의 의식, 그가 제주도의 하늘과 땅과 바람에서 찾고 있는 주제는 묵시(默示)다. 하늘이 주는 언어다.

　제주도와의 만남이 어느덧 15년, 그동안 미친 듯 제주도만 찍어왔지만 그래도 제주도는 마르지 않았다. 대자연에는 기운이 철철 넘치고 있었다. 평생을 바쳐도 좋을 기운이 넘쳐나고 있었다. 빛은 늘 바람·구름·안개·비·오름·억새와의 황홀한 만남을 준비하고 있었다. 화가 폴 세잔이 평생 사과를 그렸지만 그 모습이 모두 달랐듯, 김영갑에게 제주도의 바람도 그랬다.

　삽시간의 환상은 그가 만드는 것이 아니라 원래 자연에 있는 것을 그가 발견하는 것이었다. 그 환상은 오늘 꼭 일어나지 않을 수도 있고, 또 일어나지 않아도 좋았다. 오늘이 아니면 내일이 있었고, 그 기다림을 자연은 어김없이 지켜왔다. 기다림이 길수록 환희 또한 컸다.

삽시간의 환상을 찾아가는 길은 오름으로 나 있다. 간절히 원하는 사람에게만 보이는 길이다. 늦은 오후, 그는 멀리로 일출봉이 내다보이는 중산간 초원 '둔지오름'을 오른다. 카메라 가방을 괴나리봇짐처럼 둘러매고 억새 사이로 난 길을 따라가는 그의 모습은 이미 오름과 동화됐다. 그의 작업시간은 늘 해뜰 무렵과 해질 무렵이다. 김영갑은 동틀 녘과 해질 녘의 빛을 가장 좋아한다. 바람에 실린 빛은 곧 하늘이

카메라 가방을 괴나리봇짐처럼 둘러매고 억새 사이로 난 길을 따라가는 그의 모습은 이미 오름과 동화됐다.

주는 언어였다. 해가 많이 기울었음인지 풀벌레 소리가 점점 요란해진다. 오름에 바람이 분다.

　느낌이 온 걸까. 이제 김영갑은 사진기를 고정시킨 채 허공만 보고 있다. 오름으로 바람이 몰려든다. 억새가 운다. 해는 짙은 구름과 지평선 사이의 작은 틈에 살짝 걸리고, 마지막 광선을 대지 위에 뿌린다. 그래, 오늘은 잡겠구나.

　영겁의 시간 속에서 찰나의 황홀을 사냥하는 동안 그의 오감은 하나가 된다. 이때가 가장 편안한 시간이다. 하늘의 뜻이 시작되고, 짜릿한 원초적 전율이 인다. 흥분된 혀끝이 파르르 떨리는 젖무덤을 스치듯, 짧은 석양이 바람에 일렁이는 봉긋한 오름에 걸린다. 그 순간, 찰칵. 삽시간의 환상 하나가 완성된다. 또 하나의 묵시다.

● ●

김영갑의 삶은 한마디로 섬에 홀리고 필름에 미친 인생이었다. 그를 홀린 제주도는 겉으로 보기에는 평화롭지만 실상은 거칠기 이를 데 없는 섬이다. 제주도에는 6~8월 세 달을 빼고는 늘 바람이 분다. 제주도의 바람은 잦으면서도 사납다. 어디서 불어와 어디로 가는지도 모르며 때때로 눈비를 동반해 온 섬을 헝클어놓는다.

　지금이야 관광지로 거듭났지만, 씨 뿌리고 양식을 얻기에는 마땅찮은 화산섬이다 보니 제주도 사람들의 심중 깊은 곳에는 절망과 가난이 자리하고 있었다. 호구지책을 위해 바다로 나간 남자들은 주검으로 돌아오기 예사였고, 홀로 남은 여자들은 먼저 간 남편을 그리워하며 돌투성이 밭을 일궜다. 김을 매며 목이 아파올 때까지 이어도를 불렀고, 끼니때가 되면 밭 가운데 쓴 남편의 무덤가에 앉아 허기를 달랬다. 산 자와 죽은 자가 함께 밥을 먹었다.

아웃사이더의 바람을 잠재우고도 남는 더 큰 바람과 이어도라는 피안을 만들어낼 수밖에 없었던 제주도 토박이들의 신산한 삶이 1980년대 중반 역마살을 감당하지 못해 들른 김영갑을 붙잡은 것이다.

취재 당시 김영갑은 제주도 서쪽 중산간에 이는 바람에 미쳐 있었다. 말총머리에 배꼽이 거의 드러나는 헐렁한 면티 차림을 한 그의 몸에서는 바람 냄새가 났다. 외모로 보나 '아침나절에도 오름에 올라 오르가즘을 느끼고 왔다'는 말을 들으나 그는 영락없는 보헤미안이었다.

그는 밑바닥이 숭숭 뚫린 르망 승용차를 몰고 자신의 작업실이 있는 '두모악'과 즐겨 찾는 몇몇 오름을 보여줬고(그동안에도 그는 몇 컷의 '바람'을 찍었다), 늦은 밤까지 이어진 인터뷰를 마친 후에는 '나도 덕분에 모처럼 육지 냄새를 맡았다'며 제주 시내까지 동행해 숙소를 잡아줬다. 먹을 것 아껴서 필름과 인화지 사는 처지를 빤히 알기에 극구 사양했으나, '손님 대접할 정도는 버니 걱정 말라'며 검지로 헛총을 놓고는 낡은 르망을 몰고 총총히 사라졌다. 그는 따뜻한 삐딱이였다.

그로부터 몇 달 뒤 나는 다시 그를 만났다. 결혼이 늦은 처형이 제주도로 신혼여행을 갔는데, 나와 아내도 휴가를 겸해 따라붙었던 것이

다. 그때 그를 찾아간 것은 취재 때의 고마움에 대한 사례도 할 겸 처형 부부에게 내가 만난 위인을 자랑하고 싶은 심사에서였다. 그는 몹시 반가워하며 중산간 어디께에 있는 허름한 식당으로 우리를 안내해 제주도 똥돼지로 만든 두루치기를 맛보여주었고, 그가 가장 사랑한다는 '용눈이오름'도 구경시켜줬다. 처형 부부도 그 덕분에 신혼여행이 알찼음은 물론이다.

그후 잊고 있던 김영갑이 다시 내 머릿속으로 들어온 것은 언젠가 경북 영천의 천연염색가 김정화 씨를 만나러 갔을 때였다. 정확한 관계를 밝히지는 않았지만 그를 잘 아는 누님뻘쯤 되는 것 같았는데, 우

　연히 제주도 이야기가 나왔을 때 그녀의 입에서 나온 말이 '영갑이가 죽을병에 걸렸어요'였다. 반신반의하며 집으로 돌아와 인터넷을 뒤져보니 아니나 다를까 루게릭병으로 그의 근육이 위축되고 있다는 기사가 한두 신문을 장식하고 있었다. 안타깝게도 그는 요절할 운명을 타고난 예술가였던 것이다.

　2005년 봄, 김영갑은 세상을 떠났다. 가는 날까지 총각으로 남기를 고집한 그를 두고 사람들은 '바람에 일렁이는 풀들의 움직임은 잘 감지하면서 왜 사람끼리 감정을 주고받는 것은 외면했느냐'며 혀를 찼지만, 아마도 그는 자신의 이른 죽음을 먼저 감지했는지도 모른다. 그래서 얼마 남지 않은 삶을 미친 듯이 섬과 필름에 바쳤는지도….

혹 요절한 사진가 김영갑에 대해 더 자세히 알고 싶거나 찰나의 황홀을 구경하고 싶은 사람은 그의 홈페이지 두모악(www.dumoak.co.kr)에 들어가 보시길.

> 삶이라는 흐름 속에 마주해야 하는 기쁨이나 혹은 외로움 허무 따위 절망적인 감상까지 씻어줄 것 같은 황홀함은, 그야말로 삽시간에 끝이 나고 맙니다… 나는 사진을 찍는 것이 아니라 이미지를 발견하고 그것이 내 곁에 오래 머물도록 하기 위해 존재해왔습니다. 그래서, 나는, 자유입니다.

삽시간의 환상을 잡기 위해 20년 가까이 안간힘을 썼으면 됐다 싶었을까. 홈페이지에 남긴 글처럼, 그는 이 세상에 잠시 자유롭게 머물다가 갔다.

김영갑

1957년 충청남도 부여에서 태어났다. 한양공업고등학교를 졸업했고, 1982년부터 제주도를 오르내리며 사진작업을 하다 그곳에 매혹되어 1985년 아예 섬에 정착했다. 1999년 사진 촬영을 하던중 조금씩 손이 떨리기 시작한 것이 점점 심각해져 2001년 병원을 찾았다가 루게릭병 진단을 받았다. 2002년에는 아픈 몸을 이끌고 남제주군 성산읍 삼달리 초등학교 폐교를 빌려 김영갑갤러리 두모악을 열었다. 2005년 3월 세종문화회관에서 이어도를 주제로 연 마지막 개인전까지 총 17회의 개인전을 열었다. 2005년 5월 세상을 떠났다.

사진집으로 《마라도》 《눈·비·안개 그리고 바람환상곡》 《구름이 내게 가져다 준 행복》이 있고, 사진 수필집 《섬에 홀려 필름에 홀려》 《그 섬에 내가 있었네》 등을 출간하였다.

2003년 이명동사진상 특별상을 받았다.

조훈헌

ⓒ 최수연

세계 바둑 역사상 최강의 고수는 누구일까.
한·중·일을 통틀어 기라성 같은 영웅호걸이 즐비하지만
조훈현을 능가하는 인물은 찾기 힘들다.
오직 한 사람, 내제자 이창호가 기록상으로 스승 조훈현을 앞서지만
그의 존재는 스승을 더욱 빛나게 하는 현재진행형 또는 미래형이라고 해도 좋다.

어미 살모사를 자처한 불사조

조훈현_바둑기사

●

"졌어."

2004년 7월 9일, 서울 성동구 홍익동 한국기원 4층 본선대국장. '불패소년' 이세돌 9단과의 왕위전 본선 리그 대국을 마치고 나오는 조훈현(52)의 첫 마디는 간단명료했다. 국수(國手)의 입에서 나온 말치고는 전혀 무게가 느껴지지 않는, 아무런 감정이 실리지 않은 편안한 화법이었다.

신의 경지에 오르면 승패는 중요하지 않은 걸까. 지난 시절 정상에 앉아 올라오는 도전자를 여유 있게 맞던 때를 생각하면 무척 자존심이 상할 만도 한데, 그는 지금 한 발이라도 삐끗하면 그대로 추락해버리는 토너먼트의 사다리를 겸허하게 받아들이고 있다. 아니, 내심 즐기고 있다. 스스로 '나는 이제 노친네'라고 엄살을 떨면서.

머리가 팍팍 돌아가는 신예들에게 제왕의 자리는 내줬지만, 대국의 승패에 상관없이 조훈현은 영원한 국수다. 한국기원에 소속된 프로기사 중 웃는 사진이 가장 많은 기사답게, 그는 요즘 웃음을 아끼지 않는다. 달관의 미소다.

🐇

세계 바둑 역사상 최강의 고수는 누구일까. 한·중·일 3국을 통틀어 기라성 같은 영웅호걸이 즐비하지만 조훈현의 천재성과 기록과 업적을 능가하는 인물은 찾아보기 힘들다. 오직 한 사람, 내제자 이창호가 기록상으로는 스승 조훈현을 앞서고 있지만 그의 존재는 스승을 더욱 빛나게 하는 현재진행형 또는 미래형이라고 해도 좋다.

조훈현의 위대함은 중국과 일본에 철저히 무시당하던 한국 바둑계를 세계 정상으로 끌어올렸다는 점, 이창호라는 내제자를 키워내 바둑 천재의 계보를 이었다는 점, 이 두 가지만으로도 충분히 인정받아 마땅하다.

전남 영암에서 태어나 목포에서 성장한 조훈현은 여섯 살 때 목포 유달기원에 나타나 신동이 태어났음을 알린다. 바둑돌을 구경한 지 한 달 만에, 아홉 점을 접긴 했지만, 부친 조규상 씨(당시 7급 실력이었다고 함)를 꺾고 기원문을 두드린 것이다. 이후 1년 만에 목포 바둑계를 접수한 조훈현은 부친의 손에 이끌려 상경, 마침내 '현대 바둑의 아버지' 조남철 국수가 운영하던 송항기원에 얼굴을 내민다.

신동의 등장에 흥분한 한국 바둑계의 비호 아래 조훈현은 실력이 급성장, 1962년 아홉 살 때 세계 최연소 프로 입단 기록을 세운다(이 기록은 지금도 깨지지 않고 있다). 그리고 1963년 일본으로 건너가 '일본 바둑계

대국의 승패에 상관없이 조훈현은 영원한 국수다. 한국기원에 소속된 프로기사 중 웃는 사진이 가장 많은 기사답게, 그는 요즘 웃음을 아끼지 않는다. 달관의 미소다.

의 정신적 스승' 세고에 9단과 '괴물 기사' 후지사와 9단 밑에서 9년 동안 내공을 다지고 돌아온다.

비록 병역문제로 어쩔 수 없이 귀국한 것이었지만, 한국 바둑계의 판도는 이때부터 조훈현 1인 독주체제로 재편되기 시작했다. 군 복무를 마친 후 선배들에게서 하나둘 기전 타이틀을 접수하더니, 1980년 서봉수에게서 명인전마저 빼앗아오며 마침내 국내 기전 전관왕에 오른 것이다. 그 무렵 동갑내기 맞수 서봉수 9단이 꾸준히 '딴죽'을 걸었지만 그는 조훈현의 왕중왕 등극을 빛내주는 아름다운 조연일 뿐이었다. 이후 조훈현은 1982년 한국 최초로 입신(入神)의 경지인 9단에 올랐으며, 1982년·1986년에도 전관왕을 차지하는 등 온갖 영광을 독식한다.

🐇

조훈현이 가장 기뻤던 대국은 두말할 것도 없이 제1회 응창기배 결승전 제5국이다. 응창기배 이전까지만 해도 한국은 세계 바둑계의 변방일 뿐이었다. 일본과 중국은 슈퍼대항전이라는 그들만의 대회를 만들어 우리나라를 '왕따' 시켰으며, 대만도 대만의 응창기배에 우리나라에는 출전권을 달랑 한 장만 배정(일본 6장·중국 7장)하는 무례를 저질렀다.

아무튼 한국 대표로 혈혈단신 출전한 조훈현은 설움에 굴하지 않고 열심히 싸워 일본의 최고수 고바야시와 임해봉을 꺾고 결승에 진출한다. 결승전 상대는 중국의 절세 고수 네웨이핑 9단. 둘은 한 대국씩 주고받는 접전을 펼치며 마침내 마지막 다섯번째 대국만을 남겨놓게 되었다.

싱가포르에서 벌어진 결승전 제5국. 탐색전을 벌이던 조훈현은 오후로 들어서며 승부수를 띄웠다. 아예 적진 깊숙이 치고 들어간 것이다. 갑작스런 행보에 놀란 녜웨이핑은 맹렬히 반격을 시도하며, 그동안 자신이 아껴온 시간을 공격무기로 쓰는 작전을 병행했다. 조훈현은 초읽기에 몰려 있었던 것이다.

그러나 시간으로 승부하려는 녜웨이핑의 작전은 큰 오산이었다. 조훈현이야말로 당대 최고의 순발력을 자랑하는 천재. 코너에 몰린 상태에서 한 치의 양보 없이 공격하던 조훈현은 마침내 적의 대마를 잡고 말았다. 순간 무겁게 고개를 떨구는 녜웨이핑. 한국 바둑이 중원에 우뚝 서는 순간이었다.

이 '싱가포르 대첩'은 한국 바둑계뿐만 아니라 온 나라의 경사로, 신문마다 1면 전체를 바둑 황제 조훈현에 대한 찬사로 도배하다시피 했다. 문화와 스포츠 사이에서 어느 쪽으로도 편입되지 못하고 장르의 정체성을 고민해야 했던 한국 바둑. 일본에서 활약하는 조치훈의 소식에 따라 울고 웃던 한국 바둑이 마침내 자력으로 세계를 제패한 대 쾌거였던 것이다. 이후 세계 바둑계의 시선은 한반도에 쏠렸으며, 향후 한국이 참가하지 않는 국제 대회는 빛을 잃게 된다.

조훈현은 1982년 한국 최초로 입신의 경지인 9단에 올랐으며, 1982년·1986년에도 전관왕을 차지하는 등 온갖 영광을 독식한다.

그런데 이게 다가 아니었다. 그 무렵, 한국 바둑계에는 조훈현의 뒤를 받칠 더 크고 무서운 기운이 꿈틀대고 있었다. 그것도 조훈현의 집에서…. 그 기운이 바로 '현대 바둑사의 불가사의'로 일컬어지는 이창호다.

응창기배의 대장정에 종지부를 찍고 집으로 돌아온 날 밤, 조훈현은 제자 이창호와 마주 앉는다. 꾸벅 고개를 숙이는 제자와 머리를 쓰다듬는 스승. "창호야, 이제 네가 해줘야 한다." 제자가 어린 나이에 뛰어난 기리(棋理)를 펼치며 고단자들을 연파해도 좀처럼 칭찬한 적 없던 스승이 드디어 제자를 인정한 것이다. 그것은 곧 향후 바둑계의 새로운 영웅 등장을 예언하는 '후계자 책봉식'이기도 했다.

초등학교 3학년 때 전주에서 올라와 조훈현을 사사하며 바둑계의 고수로 성장하던 황태자 이창호는 이때부터 날갯짓을 시작한다. 그리고 그해, 스승의 바람대로 드디어 국내 기전의 하나인 최고위전의 타이틀을 거머쥔다. 문제는 그 타이틀을 스승에게서 빼앗은 것이라는 데 있었지만….

이후 한동안은 사제 간의 영토분쟁 시기였다. 그리고 그 싸움은 시간이 흐름에 따라 점점 제자 쪽으로 기울어갔다. 이창호의 발전은 그만큼 빨랐던 것이다. 사제 간의 기묘한 싸움이 계속되던 당시, 가장 힘든 사람은 조훈현의 아내 정미화 씨였다. 아들 같은 이창호(이창호는 정씨를 작은어머니라고 부른다)와 남편이 자웅을 겨루는 데 마음이 편할 리가 있겠는가. 대국 후 둘이 함께 집으로 돌아올 때, 이창호가 고개를 푹 숙이고 들어오면 남편이 진 것이고, 이창호가 고개를 들고 기분 좋게 들어오면 남편이 이긴 대국이었다.

내제자인 이창호를 품어 자신의 자양분을 먹이로 제공했다는 점에서, 어찌 보면 조훈현은 어미 살모사와 많이 닮았다. 그리고 이창호는 스승의 뜻을 받들어 욱일승천하며 청출어람이 어떤 것인지를 확실하게 보여주었다.

제자에게 하나둘씩 타이틀을 빼앗기며 무관의 제왕으로 전락했던 1990년대 중후반. 이창호의 빛이 강할수록 스승 조훈현의 그늘은 짙을 수밖에 없었다. 사람들은 '이제 조훈현은 시대는 갔으며, 그는 다시 일어서지 못할 것'이라고 했다.

그러나 조훈현은 불사조였다. 1997년의 명인전과 1998년에 벌어진 제42기 국수전에서 조훈현은 그 예상을 보기 좋게 뒤엎고 제자 이창호에게서 명인과 국수 타이틀을 되찾아온 것이다. 스승의 컴백은 국내와 국제 대회 최다관왕으로서 더이상 적수를 찾을 수 없었던 제자에게 방심 말라며 놓는 일침이기도 했다.

이후 이창호와 더불어 국내 바둑계는 이세돌·박영훈·최철한 등 막강한 신예 기사들이 대거 등장하며 군웅할거의 시대를 맞는다. 하지만 이 와중에서도 조훈현은 자신의 존재를 꾸준히 각인시켜왔다. 대

조훈현과 최철한 8단의 한국바둑리그전 대국 시작 10여 분 전, 늘 그렇듯 조훈현이 상대보다 먼저 와서 반상을 응시하고 있다. 승패를 떠난 달관의 미소인지, 아니면 마음만 먹으면 언제든지 부활할 수 있다는 자신감인지 모를 웃음을 지으면서.

표적인 것이 2000년 중국의 신예 기사 창하오를 꺾으며 후지쯔 배를 두번째로 제패한 것. 지금껏 50줄을 앞둔 기사가 세계 기전을 제패한 적이 한 번도 없었기에 이 사건 역시 세계 바둑계의 불가사의 반열에 올랐다.

전신(戰神), 바둑 황제, 영원한 국수, 불사조, 반상의 제왕 등 바둑에 관한 한 최고의 별명은 모두 달고 다니는 조훈현이지만, 그가 뚜렷이 답변 못 하는 게 한 가지 있다. '바둑의 끝은 어디인가'에 대한 대답이다.

"글쎄요, 전체가 10할이라면 한 1할 정도 왔을까요. 분명히 말할 수 있는 것은 아직도 바둑의 길은 무궁무진하며, 절대 단수는 없다는 것입니다."

기사는 죽지 않으면 현역이다. 나이가 듦에 따라 성적이 좋지 않으면 뒤로 물러날 뿐 바둑계를 떠날 수는 없다. 그리고 요즘같이 훌륭한 신예 기사가 많은 판에 왜 뒷전으로 물러나는가. 진정한 고수들과 부딪치며 살아남는 게 불사조의 존재 이유이기도 한데….

2004년 7월 18일 저녁 7시, 한국기원 1층 바둑TV스튜디오. 조훈현과 최철한 8단의 한국 바둑 리그전 대국 시작 10여 분 전. 늘 그렇듯 조훈현이 상대보다 먼저 와서 반상을 응시하고 있다. 승패를 떠난 달관의 미소인지, 아니면 마음만 먹으면 언제든지 부활할 수 있다는 자신감인지 모를 웃음을 지으면서.

조훈현

1953년 전라남도 목포에서 태어났다. 1962년 아홉 살 세계 최연소로 프로에 입단한 후, 일본 세고에 겐사쿠 문하에 입문해 1970년 일본기도상 신인상을 수상했다. 1972년 귀국하여 1980년 제1차 국내 전 타이틀 석권, 1982년 한국 최초 9단 승단, 연속해서 제3차 국내 전 타이틀 석권, 제6회 바둑문화상에서 6년 연속 최우수기사상을 수상했다. 1989년 잉창치배 우승, 은관문화훈장 서훈, 1992년 타이틀 획득 124회로 세계 최고기록을 수립했다. 1994년 후지츠 배·동양증권배·잉창치배 우승으로 세계 최초 세계대회 사이클링 히트를 달성했다. 1995년 공식 대국 1000승 달성, 2002년 바둑문화상 '우수기사상'을 수상했다. 2003년 CSK배 바둑 아시아대항전 한국 대표, 제37기 왕위전 준우승, 제14기 기성준 준우승, 2008년 전자랜드 현무왕전 준우승을 차지하는 등 여전한 활동을 보이고 있다.

시인은 끝까지 긴장을 놓치지 않고 자기 안의 열정을 쏟아내야 하는 존재이다. 지난한 작업이지만 시인이란 백지 위에 영혼을 판 사람들이 아닌가. 세상이 쓸쓸하고 가난할 때 시인은 고요하게 빛나는 법이다.

2부

쓸쓸하고 가난한 세상을 위하여

이외수

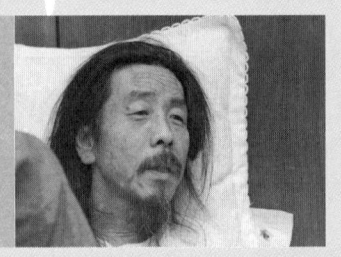
ⓒ 최수연

이외수는 지렁이를 섬긴다.
땅을 비옥하게 만드는 지렁이처럼,
그는 사람들의 정서를 비옥하게 하기 위해
자신의 땅인 원고지 속으로 파고든다.

내가 하는 일도
과연 지렁이와 같은가

이외수_소설가

●

땅거죽에 붙어사는 동물이 볼 때 날개 달린 새는 다 신비롭다. 그런데 하늘을 나는 새끼리도 서로가 신비할까? '나는 신비주의자가 아니다'라는 이외수의 해명에 동감하려면, 기인이나 괴짜라는 꼬리표에 실소로 대답하는 그를 이해하려면 하늘을 나는 새가 되어라.

강원도 춘천시 교동. '교동에서 이외수네 모르면 간첩'이라더니, 아니나 다를까 무턱대고 들어간 닭갈비집 주인아주머니는 그의 이름을 꺼내자마자 이전에도 수없이 겪은 일이라는 듯 익숙한 손놀림으로 길 안내를 해줬다. 과연 이외수는 호수·막국수와 함께 '춘천 3수' 중의 하나였다(지금은 화천군 감성마을로 이사했어도 그는 영원한 '춘천 3수' 다).

"선생님, 하루 몇 시간 글 씁니까?"

"세 시간 자고 열일곱 시간 매달립니다만, 단어 하나 가지고 300장 파지를 낸 적도 있습니다."

"다음 작품은 언제 나와요?"

"소설은 내가 쓰는 게 아니라 나를 빌려 써지는 겁니다. 언제 나오

"머리 기르고 잡기 좀 부린다고 해서 기인인가요. 굳이 별스러움을 인정한다면 조금 개성 있는 소설가 정도가 되겠지요, 뭐. 난 그저 내 자유의지대로 살 따름입니다."

냐고 묻지 말아요. 자기가 나와야 나오는 거니까."

그의 집에는 소설가를 지망하는 젊은 손님들이 몰려와 있었다. 흔히 말하는, 이외수 소설의 독자를 넘어 이미 '이외수 신자(信者)'가 된 사람들이다. 그리고 그들에게 둘러싸여 자신의 삶과 소설에 대한 '썰'을 풀고 있는 이외수. 한데 뭔가 좀 이상하다. 약간 뻥을 튀겨, 우리가 들은 대로라면 이외수는 허공을 날아다니고 그의 집안에는 신령스런 기운이 감돌아야 맞지 않은가. 나무젓가락으로 철판을 뚫을 정도로 무공이 절륜해 한때는 명절이면 강호의 고수들이 인사를 오기도 했다던데…. '무술 솜씨 좀 보자'는 주문에 이외수가 씩 웃으며 간단한 손재주 하나를 보여준다. 그리고 주위에서 탄성을 터뜨릴 무렵 던지는 한 마디.

"허허, 눈속임일 뿐입니다. 우리의 눈을 너무 믿지 마세요."

백문이 불여일견이다. '기인 이외수'는 떠도는 말들이 만들어놓은 왜곡일 뿐, 그도 우리와 별반 다를 게 없는 보통사람이었다. 새 담배에 불을 붙이며 이외수의 이야기는 계속 이어진다.

"머리 기르고 잡기 좀 부린다고 해서 기인인가요. 굳이 별스러움을 인정한다면 조금 개성 있는 소설가 정도가 되겠지요, 뭐. 난 그저 내 자유의지대로 살 따름입니다."

개성 있는 소설가가 된 이유에 대한 그의 덧붙임 또한 재미있다. 문단 데뷔 때 김동리 선생이 '서툴지만 장차 개성 있는 작가로 성장할 것'이라고 심사평을 써줬는데, 하늘같은 대선배가 그리 이야기했으니 도리 없이 개성 있는 작가가 되어야 했다나. 아무튼 이외수는 개성 있는 작가다. 그리고 그의 개성은 지극한 자연스러움에서 나온다.

'소설가는 곧 하느님' 이었던 문단 데뷔 시절부터 오직 돈만이 그를 부자유스럽게 했을 뿐(이외수가 소설가의 길로 들어선 것 또한 한겨울의 추위와 배고픔 때문이었다. 그의 소설 인생은 '춥다' 라는 첫 문장으로 시작되었다) 그 외에 그는 늘 자유로웠다. 주위에서 '너의 자유가 가족들에게는 고통일 수도 있지 않느냐' 는 물음을 던지기도 하지만, 천만에. 보다 인간다운 삶을 위한 자유의지는 가족들 또한 이외수와 마찬가지다.

언젠가 둘째아들 진얼이(이외수는 아들만 둘을 뒀다)와 이렇게 묻고 대답한 적이 있었다.

"아버지, 지금 자유로운 건 좋은데 나중에 어른이 되었을 때 경쟁에서 뒤지면 어떡해요?"

"이 녀석아, 그러면 경쟁하지 않으면 되잖아. 너는 선수하지 말고 심판 봐라."

"하지만 심판은 모든 걸 다 알아야 하잖아요."

"심판도 싫으면 관중석에 앉아 열심히 응원하렴."

그날 이후로 진얼이의 꿈은 떡볶이 장수가 되었다.

하지만 이런 이외수도 글쓰기에서만큼은 자유를 포기하고 진통을 고스란히 받아들인다. 소설은 작가의 의지와는 상관없이 첫 문장을 쓰는 순간부터 제 스스로 살아서 움직이는 것. 결국 좋은 소설이란 글과 작가와의 교감을 통해서만 태어나기에, 교감이 없으면 소설도 없다. 새로운 소설을 시작할 때면 산모 입덧하듯 하고, 마침맞은 단어 하나 얻으려고 일주일을 고민하기도 하고, 어느 날 문득 숟가락 위로 이빨이 떨어지는 고통을 겪는 것 모두가 그가 소설과의 교감을 이루어내기 위함이다.

"웃기는 게, 어울리지 않는 낱말들이 한 문장 안에 함께 들어가면 글은 금방 나를 거부해버립디다. 교감과 조화가 이루어지지 않은 거지요. 이걸 달래려면 다시 며칠 밤을 뼈 깎듯 해야 하는데, 그러고 보면 나는 참 재능이 없는 소설가예요. 아마 지금까지의 작품들은 내가 워낙 떼쓰고 발악을 하니까 소설이 옆구리나마 조금 보여준 것뿐일 겁니다."

그가 작업실을 감옥처럼 꾸며둔 것도 자유를 구속하기 위해서다(물론 어디에고 자신의 감옥을 공개하지는 않았다). 이외수는 '두 작품을 쓰기 위해 빵깐에서 8년을 살았다'고 말한다. 문자·의미·인물 등 작품의 요소요소가 온전히 조화를 이루도록 하기 위해서는 그만큼 자신을 옥죄어야 했던 것이다.

이외수의 소설은 머리보다는 가슴을 먼저 적신다. 현실 이상의 가치를 추구하며, 현실보다는 영혼 세계에 더 쓰임새가 많다. 그래서 그의 소설은 종종 신비주의로 불리기도 한다. 《벽오금학도》가 그랬고 《황금비늘》이 그랬다. 하지만 신비주의라는 막연한 누명(?)에 대한 그의

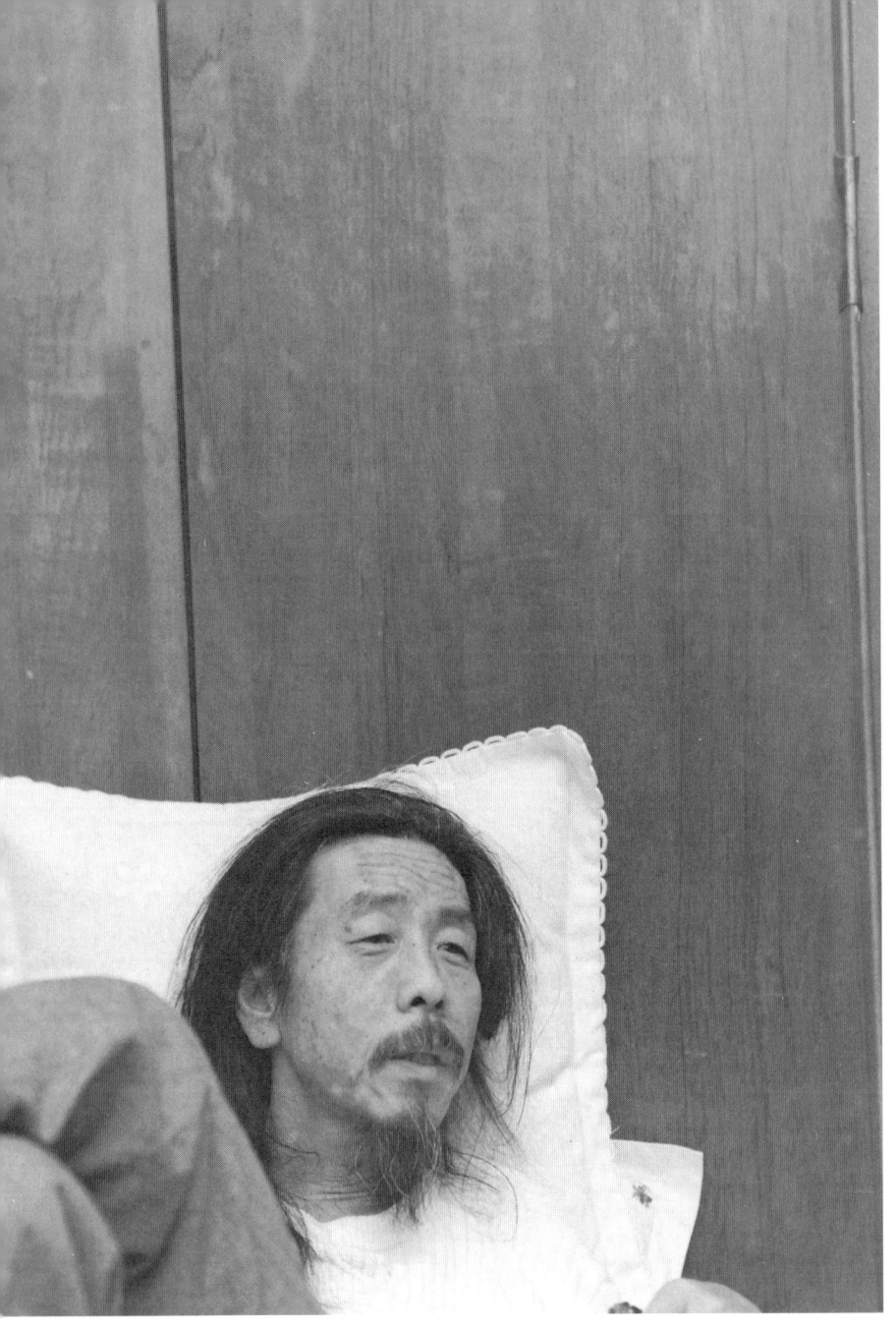

땅속에 숨어 있으면서도 쉼없이 꿈틀대며 토양을 비옥하게 만드는 지렁이처럼, 그도 사람들의 정서를 비옥하게 만들기 위해 자신의 땅인 원고지를 파고들었다.

해명은 우리의 오감에 대한 맹신이 아니라 심안(心眼)·영안(靈眼)으로 세상 바라보기이다.

"배고프던 신인 시절, 지렁이를 보며 내 신세가 지렁이 신세라고 생각한 적이 있었어요. 그런데 알고 보니까 지렁이는 외모와 달리 너무도 중요한 일을 하고 있습디다. 땅을 비옥하게 만들어주는 지렁이야말로 아리스토텔레스의 말대로 위대한 대지의 창조자였지요. 의식이 표면을 바라보고 있을 때는 징그럽기만 하던 게 마음이나 정신의 눈으로 보니까 더없이 거룩해 보인다는 것을 그때 깨달았습니다."

자신의 모습이 지렁이와 비슷한 것은 당연했다. 하지만 '내가 하는 일도 과연 지렁이와 같은가' 라는 자문에는 대답을 할 수 없었다. 그렇다면 지렁이처럼 열심히 파야 할 땅은 어디인가. 결국 원고지 아닌가.

지렁이를 통한 깨달음 이후 이외수는 심안과 영안에 눈을 떴다. 그리고 땅속에 숨어 있으면서도 쉼 없이 꿈틀대며 토양을 비옥하게 만드는 지렁이처럼, 그도 사람들의 정서를 비옥하게 만들기 위해 자신의 땅인 원고지를 파고들었다. 이때부터 지렁이는 이외수의 가장 큰 사부였다(그래서 그의 모든 장편소설에는 어느 한 구석이든 반드시 지렁이가 등장한다).

지렁이 이야기가 끝날 무렵, 이외수의 입담에 시간 가는 줄 모르던 신자들의 얼굴에는 어느새 조금씩 졸음기가 덮인다. 벌써 춘천은 자정을 넘긴 한밤중이다. 신자들을 여기저기 뿌려놓은(그의 집에서는 주인과 손님의 구별이 따로 없다. 손님은 아무 방에나 들어가 몸을 누이면 된다) 이외수는 그제야 2층에 있는 작업실, 아니 자신의 감옥으로 들어간다. 이외수의 하루는 세상의 하루가 끝나면서 시작된다. 삼라만상이 고요해지고, 이제 이 외수가 원고지 위의 지렁이가 될 시간이다.

● ●

 '친구야, 세상 사람들은 그를 두고 괴짜니 자유인이니 하지만 그만큼 지독하고 치열한 삶을 살고 있는 사람도 없더라. 그는 하루 세 시간 자고 열일곱 시간 소설에 매달리더라. 우리는 참 속물이었다.'
 이외수를 취재하고 온 후 젊어 한때 같이 소설공부를 했던, 여전히 신춘문예의 꿈을 버리지 않고 있는 친구에게 나는 이런 편지를 보낸 적이 있다. 막연한 꿈만 가지고 있지 간절함이나 실천력 모두 형편없던 우리에게 그의 삶은 한마디로 충격이었다. '어느 날 아침, 국물을 떠먹는 숟가락에 뭔가가 툭 떨어졌다. 글쓰기의 고통을 참지 못해 빠진 이였다'는 그의 이야기에 나는 대경실색하지 않을 수 없었다.
 글쓰기의 지난함에 대해 그는 '예수님이나 부처님에게 소설 쓰라고 권해보고 싶을 정도'라고 했다. 아마 그분들도 안 하려고 들 거라며. 책 한 권 분량을 거짓말로 채우는 것이 얼마나 힘든지는 써봐야 안다는 것이다. 소설 속의 인간도 현실 속의 인간처럼 먹여 살리고, 옷해 입히고, 사건 만들어줘야 하고…. 현실 속의 인간은 말이나 건넬 수 있지 이건 말도 듣지 못하는 데다, 다른 소설에 나오는 놈들하고 비슷해서도 안 된다고 했다. 그렇게 오래도록 머리를 싸매며 괴로워하다

그는 화가이기도 하다. 그의 익필(翼筆)은 화단에서도 유명하다.

가 고통에 지쳐 시작되는 것이 소설이라고 했다.

이외수는 천재나 도사가 아니었다. 원고지 위에 코 박고 죽는 게 소원인 소설가일 뿐이었다. 이외수 정도는 돼야 독자들이 읽어줄 만한 글이 나오니 신춘문예에 도전하는 문학도들은 참고하시길.

이외수가 도사가 아니라는 증거 하나. 그를 취재 갔을 때 나는 그의 그림 한 점을 즉석에서 선물로 받았다(그는 화가이기도 하다. 그의 익필(翼筆)은 화단에서도 유명하다). 아내가 둘째를 가졌다고 하니 그려준 동자승이었다. 그 그림을 벽에 걸어두면 아들이 태어날 거라며.

하지만 그림은 효험을 발휘하지 못했고, 둘째 역시 첫째를 닮은 예쁜 공주였다. 아니, 조금 효험을 발휘했다면 새침데기가 아닌 꽤나 개구쟁이로 자라고 있는 정도라고나 할까.

요즘도 나는 동자승 그림을 볼 때마다 이외수를 떠올리며 혼잣말을 하곤 한다. "역시 이외수는 도사가 아니라 인간이었어."

이외수

1946년 경상남도 함양에서 태어났으나, 직업군인이었던 아버지를 따라 대구와 강원도 등 여러 곳을 옮겨 다니며 어린 시절을 보냈다. 1972년 춘천교육대학 중퇴 후, 〈강원일보〉 신춘문예에 단편소설 〈견습어린이들〉이 당선되고, 1975년 《세대(世代)》의 문예현상공모에서 중편소설 〈훈장〉이 신인문학상을 수상하면서 소설가가 되었다. 현재 화천군에서 국내 최초로 생존 작가에게 마련해준 작업실인 상서면 다목리 감성마을에서 집필하고 있다.

저서로 창작집 《겨울나기》를 비롯해 장편소설 《꿈꾸는 식물》《들개》《칼》《벽오금학도》《황금비늘》《괴물》《장외인간》 등이 있으며, 산문집 《내 잠 속에 비 내리는데》《말더듬이의 겨울수첩》《감성사전》《그대에게 던지는 사랑의 그물》《하악하악》 등이 있다. 이밖에 우화집 《사부님 싸부님》《외뿔》과 시집 《풀꽃 술잔 나비》《그리움도 화석이 된다》《그대 이름 내 가슴에 숨 쉴 때까지》 등이 있다.

안도현

ⓒ 임승수

문학이라는 건 일상의 질서에서 보면 다분히 비효율적이고 비경제적인 거예요.
그리고 그런 활동을 하는 것 자체가 '철없다'는 소리 듣기 딱 좋은 거고.
하지만 철든, 문학이 없고 시가 없는, 삭막한 세상을 상상해보세요.
내 시는 궁극적으로 철없음을 위해 부역합니다.

애기똥풀도 모르는 것이
저기 걸어간다

안도현_시인

●

"시집 읽어본 게 언제세요?"

이 가을, 안도현이 묻는다.

우석대학교에서 안도현을 만나 그의 작업실로 가는 길. 잘 뒤따라 오라며, 그는 앞장서서 작업실(집필실)로 출발했다. '전북80다70××' 흰색 코란도를 몰고서…. 전주 외곽도로를 돌아 한 시간 가량을 달려서야 차는 모악산 기슭 신원 마을로 들어섰다. 전주 인근인데도 별 돈이 끓지 않았는지 이발소 그림 속 마을처럼 고즈넉한 동네였다.

늦은 오후 풀벌레 소리가 가득한 그의 작업실 화단에는 꽃무릇이 한창 꽃대를 밀어올리고 있었다. 대문 왼쪽에는 한가한 날 빈둥대기 적당한 정자를 하나 만들어놓았고, 정자 옆으로는 돌을 차곡차곡 쌓아 담을 둘렀다. 여느 농가와 별반 다를 게 없이 수수하게 차린 작업실 마루에는 새가 들렀었는지 새똥 자국 두 개가 선명하다. 저것도 곧 시가 될 것이다. 방문을 열어 묵은내를 몰아낸 후 좀 과하다 싶게 모기향을 피워놓고, 그가 차를 내온다.

늦은 오후 풀벌레 소리가 가득한 그의 작업실 화단에는 꽃부룻이 한창 꽃대를 밀어올리고 있었다. 수수하게 차린 작업실 마루에는 새가 들렀었는지 새똥 자국 두 개가 선명하다. 저것도 곧 시가 될 것이다.

"처서 지난 지가 언젠데 아직도 준동을 하니 원. 입 비뚤어진 모기도 물리면 열 받아요."

"그런데 안 선생님, 차 없으시다고 들었는데…."

"차요…? 하하, 그럼 여기까지 오는 동안 좀 실망하셨겠네."

멋쩍은 웃음 후, 무면허의 홀가분함을 즐기는 시인으로, 버스창가에 앉아 글감을 잡아온 시인으로 알던 기자에게 자초지종을 밝힌다. 운전한 지 3년 됐다, 완주 삼례에 있는 학교까지 출강하려니 힘들더라, 차 있으니 여기 오기도 좋더라…. 서산에 걸린 해를 바라보며 시인의 이야기가 시작되고 있었다. 사이사이 톡톡 튀는 시어들이 섞여가며.

시 안 읽는 세상이지만 안도현의 시는 '먹힌다'고? 안도현을 일러 시만 써서 밥 먹고 사는 시인이라고 언론은 떠들었지만, 그때마다 그는 실소했다. 너희가 시인의 삶을 알아? 굳이 글에만 국한하자면 그를 먹여 살린 건 《연어》로 대표되는 어른을 위한 동화였다. 이 책은 소설 같은 동화이면서 동화 같은 소설이다.

"1980년대 중반 익산 이리중학교에서 교편을 잡고 있을 때 보니까, 아이들이 중학생이 되면 동화를 안 읽고 바로 소설을 읽더라고요. 그때, 동화에서 소설로 넘어가는 시기를 받쳐줄 징검다리가 필요하겠다는 생각을 했습니다. 그게 모티브가 되어 어른을 위한 동화가 태어난 거예요. 형식은 생텍쥐페리의 《어린왕자》를 참고했고요. 용택이 형

(김용택 시인)은 《연어》를 《어린왕자》의 반열에까지 올려줬지만, 사실 그건 좀 '오버' 입니다."

시든 동화든 그의 글이 사랑받는 건, 독자의 가슴에 가닿는 건(이 물음에 안도현은 '워낙 잘 쓰기 때문에'라는 썰렁 개그로 먼저 나를 웃겼다)그가 시인으로서 자의식의 양을 잘 조절하기 때문이다. 그는 새로운 음식을 맛보면 집에서 꼭 만들어본다. 최대한 정성을 들여서 재현한다. 그러면서 '아내의 입맛에 맞을까' 까지도 헤아린다. 시도 그렇다. 공력을 쏟아부으면서 독자와의 소통까지 염두에 두기에 독자들은 그의 글에 감전되는 것이다. 연을 날리듯 '언어를 풀 때는 풀고 당길 때는 당기며' 그는 자의식과 독자 세계 사이의 접점을 탄다.

안도현이 시와 인연을 맺은 것은 대구 대건고등학교 1학년 때다. 중학 시절 문재를 알아보지 못한 교지 담당 선생님의 안목을 원망하며, 그는 고교 입학과 함께 적어도 교지에 시 한 편은 꼭 싣기 위해 학교 별관 5층 꼭대기에 있는 문예반의 문을 두드렸다. 그리고 당시 문예반을 지도하던 도광의 선생을 만나며 시에 눈을 떴다. 문재가 눈을 떴으니 붓을 놀리는 건 당연한 일. 이후 그는 전국의 각종 백일장을 휩쓸며 문단의 주목을 받는다.

문단에서는 그의 뛰어난 직관을 높이 평가하지만, 그의 시적 상상력은 타고난 게 아니라 훈련된 것이다. 묘사 없는 시가 있을 수 없듯이 관찰 없는 묘사 또한 있을 수 없다. 시의 소재가 발견되면 그는 오랫동안 그 주변을 서성거린다. 그러면서 이미 있는 풍경·언어·생각들을

시민들이 한결같이 넣지 않을 것을 보는 것은 공자 홈인니나, 안 보면서 성격난 것에서 나 보여요.

재구성한다. 소재는 물론 늘 생활 속에 있다.

"시인들이 관찰해서 펼쳐놓은 것을 보는 것은 큰 즐거움입니다. 잘 보면 서성거린 것까지 다 보여요. 그런데도 오늘날 시 안 읽는 세상이 된 건 학교 교육 때문입니다. 원래는 한 편을 읽고 나면 열 편이 더 읽고 싶어져야 하는데, 지금의 입시체제 아래서는 배우면 배울수록 시가 싫어져요. 시 읽어서 나쁜 길로 빠지는 법은 없습니다. 모두 시 좀 읽었으면 좋겠어요. 인터넷 그만 들락거리고."

등단은 했지만 시인으로 널리 이름이 알려지기 전에는 시대와의 불화를 겪기도 했다. 서른 즈음에 그는 학교에서 쫓겨난 전교조 해직교사였다. 네번째 시집《외롭고 높고 쓸쓸한》에 담긴 시들처럼 당시 그의 몸 안에는 울혈 덩어리가 많았다. 하지만 삶이 팍팍하고 힘들어도 그는 열정을 잃지 않았고, 뜨겁게 살자며 자신과 독자와 세상 사람을 긴장시켰다. 그때 쓴 시가 인구에 회자하는, 시를 읽지 않는 사람도 한 번쯤은 들어봤을 '너에게 묻는다' 이다.

    연탄재 함부로 발로 차지 마라

    너는

    누구에게 한 번이라도 뜨거운 사람이었느냐

        — '너에게 묻는다' 전문

늘 옆에 있는 것이지만, 자신을 태워 밥도 짓게 하고 운동화도 말려주고 겨울철 길도 미끄럽지 않게 하는 연탄(재)을 보며, 그는 평소 연탄재 툭툭 찼던 사람들의 가슴을 뜨끔하게 하는 시를 만들어냈다(이 시를 시작으로 그는 연탄의 속성을 선점한 시인이 됐다. 연탄을 소재로 한 시는 모두 여섯 편밖에 안 되지만 그는 연탄재의 시인으로 유명해졌고, 연탄 관련 행사가 있을 때마다 단골손님으로 초청받기도 했다).

해직생활로 고투하던 그를 생활고에서 구한 건 《연어》였다. '연어 판 돈' 덕분에 전업 작가의 길로 들어설 수 있었다(1996년 전업을 위해 교편을 놓았던 그는 2004년 우석대학교 문예창작과 교수로 초빙되며 다시 교단으로 돌아왔다).

그가 전업을 감행한 또 다른 이유는 '시를 바꾸기 위해서'였다. 1994년 복직을 하고보니 세상이 달라진 탓인지 현실참여시들이 재미가 없어졌다. 등단 이후 거대 담론이 그의 임무라고 믿어왔는데, 막상 시를 써놓고 보면 '이게 얼마나 도움이 될까' 하는 의문이 생겼다. 억압이 한풀 꺾인 자리에서는 시의 역할도 달라져야 했다.

물론 혹자는 '세상이 뭐가 변했냐' '유명세 좀 타더니 현실 인식이 무뎌진 게 아니냐'며 비판도 했지만, 그건 시각의 차이일 뿐이었다. 삶에 대한 시인으로서의 대응방식이 바뀐 것이지 그가 현실을 떠난 것은 아니기 때문이다. 그의 시가 대중성을 띠는 것에 대한 수군거림에 대해서도 그는 '좀 팔리면 의심하는 '문학적 엄숙주의'의 한 단면'이라고 잘라 말한다. 독자들이 그의 시를 좋아해서 찾는 것일 뿐, 그는 시집을 팔기 위해 시를 써본 적이 없다.

모악산 자락에 작업실을 마련한 것도 그의 시가 그에게 자연과 벗하라고 재촉한 이유였다.

4년 반의 해직생활을 끝내고 산골 오지인 전북 장수군 산서고등학교로 복직하며 그의 시는 뚜렷이 변화한다. '작은 것 속에 들어 있는 큰 것 찾기'로 관심이 바뀐 것이다. 예전에는 기러기를 보면 '북쪽에서 왔겠지, 북한에도 들렀겠지, 통일과 연결시켜야지'로 시상을 넓혔지만, 지금은 기러기 깃털 안에 있는 진실을 본다. 다섯번째 시집인 《그리운 여우》는 그의 그런 변화가 잘 나타난 시집이다.

나 서른다섯 될 때까지
애기똥풀 모르고 살았지요
해마다 어김없이 봄날 돌아올 때마다
그들은 내 얼굴 처다보았을 텐데요

코딱지 같은 어여쁜 꽃
다닥다닥 달고 있는 애기똥풀
얼마나 서운했을까요

애기똥풀도 모르는 것이 저기 걸어간다고
저런 것들이 인간의 마을에서 시를 쓴다고
— '애기똥풀' 전문

"정말 내가 이 세상에 대해 알고 있는 것은 부끄러우리만치 보잘것 없는 것들이었어요. 나는 가을날의 구절초와 쑥부쟁이를 구별하지 못했으며, 봄을 알리는 산수유와 생강나무의 차이를 모르고 지냈으니까요. 평소 눈여겨보지 않던 것들이 저마다 이름을 하나씩 가지고 있으며, 저마다 작은 우주를 이루고 있다는 것을 알면서 내가 무지하기 짝이 없는 인간이었음을 뒤늦게 깨달았습니다."

자연과 인간과의 간극을 넘어서려는 그의 발걸음에 대해 대선배인 신경림도 '산서 3년이 오늘의 안도현이 되게 한 밑거름'이라며 거들었다. 앞으로 그의 관심과 시 작업은 이렇게 작고 보잘것없는 것으로 향할 것이다. 오리나무와 칡꽃과 고추잠자리와 버들치와 애기똥풀을 스승으로 삼을 것이다.

모악산 자락에 작업실을 마련한 것도 그의 시가 그에게 자연과 벗하라고 재촉한 이유였다. 이름이 알려지며 전화에 시달릴 때 그는 '앞개울가에 푸른 풀 수북하게 자라는 마을에 내 집 한 채 그려 넣고 싶었다.' 1998년 지금의 작업실을 보러왔을 때 '전설의 고향'에나 등장할 법한 폐가의 모습에 엄두가 나지 않았으나, 기어이 그를 붙잡은 건 질감 좋은 마루와 기둥이었다. 다음날부로 그는 바로 단장을 시작했고, 집이 모양새를 갖춰갈 무렵 문우들은 면 이름에 좋은 작품 많이 쓰라는 뜻을 더해 '구이구산(九耳九山)'이라는 당호까지 붙여줬다.

노인들만 남은 동네에 처음 들어온 외지인이었지만 텃세는 없었다. 그는 귀농(?)의 철칙인 '인사 잘하기'를 지킨 데다가 텔레비전에 종종 얼굴을 내민 덕분에 금방 마을과 동화될 수 있었다. 작업실을 연 지 9년째, 마을 노인은 모두 그를 '안 선생'이라 부른다.

🐇

모악산 너머로 해거름 녘 찬바람이 분다. 바야흐로 문청(문학청년)들이 달뜨는 신춘문예의 계절이다. 우체국에 가서 등기우편으로 신문사에 원고 보내고는, 상금 타면 '따불'로 갚겠다고 큰소리치며 외상술 먹던 시절이 언제였던가.

"나는 여전히 술을 즐깁니다. 많이 닳긴 했지만 그때처럼 철없이. 문학이라는 건 일상의 질서에서 보면 다분히 비효율적이고 비경제적인 거예요. 그리고 그런 활동을 하는 것 자체가 '철없다'는 소리 듣기 딱 좋은 거고. 하지만 철든, 문학이 없고 시가 없는, 삭막한 세상을 상상해보세요. 내 시는 궁극적으로 철없음을 위해 부역합니다."

날이 어둑해질 무렵, 신춘문예를 준비하는 문청들을 위한 조언으로 '시간 투자, 열정, 철없음'을 이야기하던 그가 뭔가 생각난 듯 담장 텃 밭으로 뛰어간다. 주말에만 들르는 작업실이지만, 그는 해마다 열댓 평 텃밭을 일군다. 자람세는 멈췄어도 가을바람 덕인지 돌담 아래 매달린 청양고추는 더 토실토실해 보인다.

풋고추 세 봉지를 따서 취재기자와 사진기자에게 한 봉지씩 들려주고, 나머지 한 봉지는 위로 치켜들어 보이며 식사나 하러 가자는 그. 어제 저녁 지역 문인들과 어울려 외박한 탓에 아내에게 혼났지만, 그래서 오늘은 일찍 들어가야 하지만, 잠시 짬이 있으니 이것 안주에 막걸리나 한잔하자며…. 또 하나의 철없음이다.

안도현

1961년 경상북도 예천에서 태어나, 원광대 국문과를 졸업했다. 1981년 〈대구매일신문〉과 1984년 〈동아일보〉 신춘문예에 각각 '낙동강'과 '서울로 가는 전봉준'이 당선되며 문단에 나왔다. 1989년 전국교직원노동조합 활동으로 익산 이리중학교 해직 후, 1994년 전북 장수군 산서고등학교로 복직했다. 1997년 교직을 떠나 전업작가로 활동하며, 1998년 전북 완주군 구이면 신원마을의 작은 농가를 고쳐 작업실을 마련했다. 2004년 우석대학교 문예창작과 교수로 부임했다.

저서로 《서울로 가는 전봉준》《모닥불》《그대에게 가고 싶다》《외롭고 높고 쓸쓸한》《그리운 여우》《바닷가 우체국》《아무것도 아닌 것에 대하여》 등의 시집과 《연어》《관계》《짜장면》《증기기관차 미카》 등 어른들을 위한 동화, 그리고 산문집 《외로울 때는 외로워하자》《사람》 등이 있다.

제1회 시와 시학 젊은 시인상, 제13회 소월시문학상, 2000년 원광문학상, 제1회 노작문학상 등을 수상하였다.

고재종

ⓒ 장기훈

시는 시인이 삶의 세계에 살을 맞대고 살면서
얻어내는 총체적 사유의 결정체이고,
그 속에는 당대성과 작품성 둘 다 잘 녹아 있어야 합니다.
시인은 시로 말해야 하고,
예술은 예술 그 자체로 먼저 완벽해야 합니다.

세상이 쓸쓸하고
가난할 때 빛나는 사람

고재종_시인

"광복절이라 술 한 잔 묵었제."

대나무의 고장답게, 8월 염천인데도 영산강변 대숲에서는 바람이 일어 한창 벼이삭이 패고 있는 들을 건너오고 있었다. 그 중 몇 줄기가 담양문화원 앞뜰의 배롱나무를 건드리고, 안 그래도 간지럼을 많이 타는 배롱나무는 자못 신이 났다.

어제가 광복절인데 어찌 그냥 넘어갈 수 있었겠냐며, 참으로 오랜 만에 작취미성(昨醉未醒)이라며, 선풍기 바람에 몸을 내맡긴 시인은 얼근한 심사를 숨기지 않았다. '고향 문화 살릴 놈은 전문가인 너밖에 없다' 는 친구들의 부탁에 마지못해 맡은 담양문화원 사무국장. '월급쟁이 할 만하냐' 는 물음에 그는 '시와 삶이 일치하지 않는 삶이지만 이것도 인정해야 할 우울한 내 삶' 이라며, 긍정도 부정도 하지 않는다.

"내가 가고자 하는 길과 현실이 일치하지 않을 때라도 삶은 치열해야 합니다. 시 쓰나 안 쓰나 바쁜 건 똑같습니다. 어차피 시작한 외도이니 만큼 주어진 기간 잘 마무리하고 다시 본업과 농촌으로 돌아가야지요. 시인은 시로 말해야 하고, 내 존재가치가 반짝일 곳은 거기니까…."

❦

당대의 농민시인 고재종은 다른 어떤 시인보다 자연과 가까이, 자연과 더불어 삶을 일궈온 시인이다. 직접 농사를 지으며 삶의 세계와 맨살로 대면하는 데서 그의 시는 나왔다. 그의 시 한 편 한 편은 흙이 들려주는 이야기를 받아 적은 것이며, 이웃 농부들과 나눈 대화를 옮겨 적은 문장이다.

그의 문단 데뷔는 가히 즉흥적이고 천재적이었다. 하지만 그의 등단을 이야기하자면 불행했던 그의 삶의 이력을 먼저 훑고 내려가야 한다. 그는 자신의 과거에 대해 '20대 후반까지의 고향에서의 삶을 지우개로 지울 수 있다면 빡빡 지워버리고 싶은 적이 한두 번이 아니었다'고 술회한다. 5남 4녀를 둔 빈농의 차남으로 태어난 고재종은 중학교를 수석으로 졸업하고도 돈이 없어 인문계 진학을 포기하고, 장학금 조로 나온 소 두 마리에 자위하며 담양농고에 들어가야 했다. 하지만 중학교 때까지 수재 소리를 듣던 그에게 성에 차지 않는 학교가 정이 갈 리 없었다. 1년 만에 학교를 뛰쳐나온 그는 서울행 버스에 몸을 실었고, 서울에서 카페 종업원, 공사장 인부, 신문보급소 수금원 등을 전전했다. 그 과정에서도 한동안은 손에서 책을 놓지 않았으나, 하루 벌어먹기도 힘든 삶에 그 생활이 오래갈 수는 없었다. 절망이 커져

가는 만큼 입에 술을 대는 날이 많아졌고, 서울에서 희망을 찾기란 요원한 일이었다.

결국 3년 만에 서울 생활을 접은 그는 몇 군데 절과 교회를 떠돌다 앙상히 뼈만 남은 몸으로 귀향한다. 그리고 방위병으로 병역을 마치고 탈출구를 찾던 중 열두 살 나이에 부산으로 식모살이를 떠났던 막내 여동생을 찾아간다.

"그 어린 것이 머리는 야물어서, 그걸 익히 알아본 주인이 식모일이 아니라 양장점 일을 가르쳤던 모양입디다. 동생은 꽤 귀염을 받는 재단사가 되어 있었는데, 일자리를 구한다는 핑계로 무턱대고 부산으로 가 여동생 밥을 축냈지요. 그 당시까지도 나는 인생의 숙명적 부조리에 허우적대는 비극주의자였어요."

막상 부산으로 갔지만 워낙 몸이 약했기에 막노동 자리 하나 쉬 걸리지 않았다. 도리 없이 그가 하는 일이라곤 광안리 해변을 거닐거나 서면에 있는 영광도서에 가서 공짜로 책을 읽는 게 고작이었다. 그때 주로 손에 들었던 게 시집이었는데, 끝까지 보기에 눈치가 보이는 두꺼운 소설이나 인문서적과 달리 시집은 똑똑 끊어지는 데다 읽기가 쉬웠기 때문이었다.

초·중학교 시절에는 산문으로 굵직한 상도 받아봤지만 시에 대해서는 전혀 문외한이었던 그는 몇몇 시에서 감동을 받았고, 이만하면 나도 한번 써볼 수 있겠다 싶었다. 곧바로 시집 몇 권을 펼쳐놓고 나름대로 시 작법을 터득하며 일주일에 20편을 써 '실천문학사' 신인 공

그의 문단 데뷔는 가히 즉흥적이고 천재적이었다. 하지만 그의 등단을 이야기하자면 불행했던 그의 삶의 이력을 먼저 훑고 내려가야 한다.

모에 투고했는데, 얼마 뒤 그게 덜컥 당선이 됐다는 연락이 온 것이다. 그렇게 해서 그는 시인이라는 이름을 달게 됐다. 1984년의 일이다.

이후 고재종은 발붙일 데 없는 도시 생활을 청산하고 고향으로 돌아와 아버지와 함께 농사지으며 시를 쓰기 시작했다. 키 160cm에 건강도 좋지 않고 고등학교도 중퇴한 그가 할 수 있는 것은 농사와 글쓰기밖에 없었다. 그는 일한 만큼, 사는 만큼만 썼다. 땅의 언어를 새겨들어 원고지에 담았고, 이웃의 가슴 아픈 현실이 있으면 시로 함께 울어줬다.

닷새 만에 헛간에서 발견된
월평 할매의 썩은 주검에서
수백 수천의 파리 떼가 우수수,
살촉처럼 날아오르는 처참에 울고

빈대 뛰는 온 방안 뒤지고 뒤져
찾아낸 전화번호 속의 일곱 자녀들
기름때 묻은 머리로 하나둘 달려와
뒤늦게 뉘우치며 목놓는 아픔에 울고

급기야 상여를 멜 남정네들 모자라
경운기로 울퉁불퉁 북망길 떠난 월평 할매

— 네번째 시집 《날랜 사랑》에 실린 시 '분통리의 여름' 중에서

그 시절 10여 년에 걸쳐 쓴 시가 한국 농민시의 대명사로 일컬어지는 시들로, 《바람 부는 솔숲에 사랑은 머물고》(1987년), 《새벽 들》(1989년), 《사람의 등불》(1992년), 《날랜 사랑》(1995년) 네 권의 시집에 담겨 있다. 시와 삶이 일치를 이루던 그때가 그에게는 가장 행복한 시절이었다.

"등단 무렵 나에게 시를 가르친 사람은 '창작과비평사' 주간이었던 이시영 시인이었어요. 등단 후 얼마 안 있어 그분이 시를 청탁해와 다섯 편을 지어 보냈더니 '등단작의 답습일 뿐' 이라며 되돌려 보내더라고요. '주변 이야기를 쉽게 쓰라' 는 편지와 백석 시집 한 권을 동봉해서요. 그때부터 이시영 시인과 우편으로 시 공부를 시작했는데, 대학노트 한 권 분량을 써서 보내면 한 편 정도 동그라미 칠까 말까 할 정도로 아주 혹독하게 가르칩디다. 그렇게 2년을 공부하니 시가 보이더군요. 이시영 시인이야말로 나를 있게 한 스승입니다."

시가 보이기 시작하자, 잠자려고 누우면 천장에 시구가 떠올랐다. 논밭에서 일하면서도 머릿속으로는 시를 썼다. 늘 시만 생각했기에 생긴 웃지 못한 에피소드도 있었는데, 어느 날인가는 '대충 시 쓰는 형편없는 놈' 으로 오해받은 적도 있다. 광주에서 문학 하는 선배가 찾아왔는데, 청탁받은 원고를 마무리하고 술집으로 가려고 '30분만 기다려 달라' 고 했더니 '무슨 시를 30분 만에 쓰냐' 며 벌컥 화를 낸 것. 그가 펜을 잡았을 때는 이미 머릿속에 써둔 것을 옮겨 적는 거나 마찬

시가 보이기 시작하자, 잠자려고 누우면 천장에 시구가 떠올랐다. 논밭에서 일하면서도 머릿속으로는 시를 썼다.

가지라는 것을 그 선배는 몰랐던 것이다.

고재종의 시들(특히 초기 시들)은 20세기 후반 한국 농촌의 자화상을 다룬 민중시이면서도 그 속에 담긴 서정성 또한 한 마디로 '진경'이다. 정제된 시어, 풍성하고도 유장한 토속어의 구사, 정한의 리듬은, 농사지으며 시도 쓴다는, 그런 시인에게는 시 자체의 작품성과는 별개로 조금 더 점수를 줘도 좋다는 일종의 윤리적 특혜를 단호히 거부한다. 그의 물오른 서정에 동료 시인 안도현은 '잘 익은 홍시를 소반에 하나 가득 담아놓은 듯하다'고 했을 정도다.

한편 이러한 서정성을 두고 모 신문사 문학 담당 기자는 '선생의 시는 너무 아름다워 도리어 현실을 은폐한다'며 은근슬쩍 그를 비꼬았다. 아름답기만 하지 민중시로서의 가치가 떨어진다는 뜻이었다. 그러면서 예로 든 게 김수영의 '풀'이었다. 시 자체로도 좋은 명시를 굳이 바람은 압제의 칼날, 풀은 민초에 비유하며 현실참여시로 꿰맞추는 기자에게 그는 혀를 차며 물었다.

"기자 양반, 나랑 같이 들에 나가봅시다. 바람과 풀이 상극인가."

"예술이 한 시대의 이데올로기에 좌지우지돼서는 안 됩니다. 시는 사회과학의 하부구조가 아닙니다. 시는 시인이 삶의 세계에 살을 맞대고 살면서 얻어내는 총체적 사유의 결정체이고, 그 속에는 당대성과 작품성 둘 다 잘 녹아 있어야 합니다. 독일 철학자 아도르노는 2차 세계대전 후 '아우슈비츠 이후 서정시를 쓴다는 것은 야만적이다'고 말했지만, 아우슈비츠 이후에도 서정은 살아 남았습니다. 시인은 시로 말해야 하고, 예술은 예술 그 자체로 먼저 완벽해야 합니다."

　사람의 손가락 길이가 다 다르듯 일곱 권이나 시집을 냈으면 높낮이가 있을 법도 한데, 고재종의 시집은 하나같이 가운데손가락처럼 우뚝하다. 그의 시집들이 근작들로 오면서도 힘을 잃지 않는 것은 시집이 나올 때마다 부끄러워하며 좀더 잘 쓰지 못했음을 자성하기 때문이다. 이러한 겸손을 통해 그는 끊임없이 자신의 시를 갈고닦는다.

　또한 그는 엄청난 독서광이기도 하다. 고재종을 잘 모르는 문학판 실력가들은 그의 '가방끈'이 짧다는 것을 알고는 은근히 알은체를 하지만 이것은 번데기 앞에서 주름잡는 꼴이다. 그의 입에서 나오는 말과 생각은 웬만한 대학교수 뺨칠 정도다. 그는 동시대의 시인과 평론가는 물론 동서고금의 철학가, 사상가를 넘나든다.

당뇨에 혈압에 건강이 좋지 않아 고향의 농사를 접은 지도 어느덧 10여 년. 아내의 직장을 따라 잠시 곡성에 머물렀다가 광주에 둥지를 튼 이후로 고재종은 농민시를 못 쓰고 있다. 아니 지금은 농민이 아니기에, 땅 위에 발 딛고 있는 삶이 아니기에 안 쓰는 것이다. 때문에 2004년에 나온 일곱번째 시집 《쪽빛 문장》은 이전의 시집과는 사뭇 다른 양상을 보인다.

　삶에 바탕을 둔 농민시에서 출발한 그의 시풍은 1990년대 초반 건강 악화와 사회주의 붕괴가 맞물리며 자연스레 생명시로 옮아갔다.

농사 속에서 태어난 생명시였다(문학평론가 정효구는 '생명시 중 가장 바람직한 것은 고재종의 시'라고 했다). 고재종의 시풍이 바뀌고 얼마 지나지 않아 생명은 시대의 담론이 되면서 시뿐 아니라 문학 전반과 다른 예술 장르로도 영역을 넓혀나갔다.

"시대정신을 반영하는 것은 좋습니다만, 모든 작가가 '가문 웅덩이에 올챙이 끓듯' 하는 것은 아쉽습니다. 시집의 저자 이름만 가리면 누가 썼는지도 모를 정도로 획일화돼서야 되겠습니까. 문학은 뒤따라가지 말고 자기 목소리를 내야 합니다. 생명은 여전히 시대의 담론인 만큼, 이제부터라도 생명 현장에 직접 대면한 생명시가 많이 나왔으면 하는 바람입니다."

다섯번째 시집 《앞강도 야위는 이 그리움》(1997년)과 여섯번째 시집 《그때 휘파람새가 울었다》(2001년)에서 농민시를 계승하면서 생명에 천착하던 그는 1998년 광주로 이사하면서 실존에 대해 고민하기 시작했다. 도시 생활에서 오는 우울과 절망이 그에게 물음표를 던진 것이다(이것은 곧 카뮈나 카프카의 부조리 문학과 맥을 같이한다).

"살아가야 할 이유는 제시해야 하는데, 근원적 부조리를 어떻게 시적으로 극복할지는 여전히 고민입니다. 담양문화원 사무국장 자리 내놓고 다시 고향으로 돌아가면 그때의 내 시는 어떤 모습일까요? 답은 나도 모릅니다."

키 160㎝에 건강도 좋지 않고 고등학교도 중퇴한 그가 할 수 있는 것은 농사와 글쓰기밖에 없었다. 그는 일한 만큼, 사는 만큼만 썼다.

"시를 쓴다는 것은 참 외로운 작업입니다. 한겨울 며칠 낮밤을 혼자 골방에 앉아 글 쓸 때는 너무 외로워서 벼룩이라도 와서 좀 물어줬으면 하고 생각한 적도 있었어요. 하지만 시인은 끝까지 긴장을 놓치지 않고 자기 안의 열정을 쏟아내야 하는 존재입니다. 그래서 시인은 참 '외롭고 높고 쓸쓸' 합니다."

거기 뜨락 전체가 문득
네 서늘한 긴장 위에 놓인다

아직 맵찬 바람이 하르르 멎고
거기 시간이 잠깐 정지한다

저토록 파리한 줄기로
저토록 환한 꽃을 밀어올리다니

거기 문득 네가 오롯함으로
세상 하나가 엄정해지는 시간

네 서늘한 기운을 느낀 죄로
나는 조금만 더 높아야겠다

― 다섯번째 시집 《앞강도 야위는 이 그리움》에 실린 시
'수선화, 그 환한 꽃자리' 전문

"시를 쓴다는 것은 참 외로운 작업입니다. 한겨울 며칠 낮밤을 혼자 골방에 앉아 글 쓸 때는 너무 외로워서 벼룩이라도 와서 좀 물어줬으면 하고 생각한 적도 있었어요."

문학평론가 도정일은 '시인은 숲으로 가지 못한다'고 했다. 시인은 자연의 서정성을 줄기차게 노래해야 하는데, 그 자연이 점점 실종되고 있음을 반어적으로 슬퍼한 것이다. 하지만 그럼에도 고재종은 농촌으로 갈 것이고, 거기서 외롭고 높고 쓸쓸하게 서정성을 발견해나갈 것이다. 지난한 작업이지만 시인이란 백지 위에 영혼을 판 사람들이 아닌가. 세상이 쓸쓸하고 가난할 때 시인은 고요하게 빛나는 법이다.

고재종

1957년 전라남도 담양군에서 태어났다. 1965년 담양농고 1년 중퇴로 제도 교육을 마감했지만, 1984년 실천문학사의 신작 시집 《시여 무기여》에 '동구밖집 열두 식구' 등 일곱 편의 시를 발표하며 작품 활동을 시작했다. 1988년 그의 시를 좋아한 팬이었던 김용숙과 결혼했으며, 민족문학작가회의 이사, 담양문화원 사무국장등을 맡았다.

시집 《바람 부는 솔숲에 사랑은 머물고》《새벽 들》《사람의 등불》《날랜 사랑》《앞강도 야위는 이 그리움》《그때 휘파람새가 울었다》《쪽빛 문장》, 산문집 《쌀밥의 힘》《사람의 길은 하늘에 닿는다》 등을 펴냈다.

제11회 신동엽창작기금을 받았으며, 제16회 소월시문학상을 수상했다.

김용택

ⓒ 최수연

열심히 시를 쓰지 않으면 아이들에게 부끄러웠고,
시를 쓰지 않기에는 섬진강이 너무 아까웠다.
시인은 아이들과 섬진강이 정말 좋다.
'왜 그냐면… 그냥 좋다.'

시인들의 교실

김용택_시인

●

아침이다. 교실 창문으로 햇살이 들어오고 섬진강도 들어온다. 선생님이 오시기 전에 5학년 초이, 귀봉이, 소희와 2학년 동수가 먼저 와서 햇볕을 쬐고 있다.

밖에서 차 소리가 들린다. 집과 학교 사이밖에 운전할 줄 모르는 선생님이 오셨다. 교실로 들어온 선생님이 석유난로를 켜자 아이들이 선생님 주위로 몰려든다. 아니 석유난로 주위로 몰려든다. 잠시 뒤 글 잘 쓰는 인수와 힘이 센 은미가 온다.

"은미야, 아침밥은 니가 허냐, 할아버지가 허냐?"

"밥통이 하죠."

"뭐? 하하하. 그럼 쌀은 할아버지가 씻겠구나."

"응."

"응? 응이 뭐여?"

"네."

급식차가 도착하자마자 기다렸다는 듯 가장 먼저 식당으로 달려가는 사람은 선생님이다. 하지만 아이들은 아랑곳없다. 선생님을 자기들보다 조금 더 큰 개구쟁이라고 생각하면 그만이다.

오늘은 시험을 보는 날이다. 수업은 9시 10분에 시작하는데도 선생님은 8시 55분부터 시험을 본다. 선생님 마음대로다. 선생님이 아이들을 나눠 앉힌다. 동수는 난롯가에서, 인수는 창가에서, 은미는 선생님 의자를 책상삼아, 귀봉이와 초이는 책상에서, 소희는 가장 편한 소파에서 시험을 본다. 곧 사방이 조용해지고 석유난로 타는 소리, 주전자 물 끓는 소리만 남는다. 섬진강의 겨울이 교실로 들어온 모양인지 시험을 보고 있는 아이들의 입에서 입김이 난다.

"선생님, 다 풀었어요."

5분이 채 지나지 않았는데 인수가 고개를 들고 선생님을 바라본다. 믿을 수 없다는 표정으로 선생님이 인수에게 다가간다. 곧 큰소리가 들린다. 인수가 큰 실수를 한 모양이다.

"정답을 하나씩만 표시해야지 이게 뭐여? 다 정답이여? 다시 찬찬히 혀."

인수는 다시 창가에 고개를 묻는다.

아이들이 문제를 풀고 있는 사이 선생님은 교실 뒤쪽 아이들의 동시가 가득 걸려 있는 '우리들의 열린 잔치'로 간다. 늘 본 것이지만 또 봐도 좋은지 선생님이 킥킥킥 웃는다. 제목 하나 낱말 하나가 재미있는 모양이다. 그러다가 인수의 시 앞에서 선생님이 잠깐 웃음을 숨긴다.

우리 할머니

돌아가셨다

내 마음이 슬프다

　　—인수의 시 '할머니' 전문

인수의 시는 볼 때마다 선생님을 울린다. 인수 할머니는 지난해 돌아가셨다. 선생님은 또 다른 시 앞에 선다.

나는 엄마가 좋다

왜 그냐면

그냥 좋다

　　—동수의 시 '사랑' 전문

동수의 시를 보며 선생님이 한참을 서 있자 자그마한 소리로 초이가 속삭인다.

"우리 선생님은 동수 시 앞에만 가면 긴장한다니까."

초이 말이 맞다. 선생님은 좋은 글 앞에서는 언제나 긴장한다. 동수의 시 '사랑'은 선생님이 대학생이나 성인을 모아놓고 문학 강연을 할 때마다 '나도 시인이지만 이보다 좋은 시는 쓰지도 보지도 못했다'고 자랑하는 시다.

선생님이 시에 빠져 있는 동안 아이들은 바닥에 떨어진 지우개를 찾아 교실을 돌아다니며, 화장실을 들락거리며 시험을 본다. 창밖으로 변하는 섬진강 물색을 따라 오전이 흐른다.

🐇

마암분교의 점심시간은 급식차가 오면서 시작된다. 그런데 급식차가 도착하자마자 기다렸다는 듯 가장 먼저 식당으로 달려가는 사람은 선생님이다. 신발도 갈아 신지 않고 실내화 바람으로 뛰어간다. 하지만 아이들은 아랑곳없다. 선생님을 자기들보다 조금 더 큰 개구쟁이라고 생각하면 그만이다.

한낮의 햇볕에 추위가 수그러진 오후, 선생님은 아이들은 데리고 섬진강가로 나간다. 교문 밖만 나서면 바로 섬진강이다. 아이들은 갈대숲에서 술래잡기를 하며 망아지처럼 뛰어다닌다.

아이들과 함께 장난을 치던 선생님은 슬쩍 아이들 틈을 빠져나와 강변에 앉는다. 갈대가 울고, 오전하고는 또 다른 오후의 강에 잔물결이 인다. 여기서 태어나 한 번도 여기를 떠나지 않았던, 언제나 아이들과 함께하며 섬진강에만 매달려 시를 써왔던 선생님이다. 선생님의 선생님은 아이들이고, 선생님이 시를 잘 쓰는 건 섬진강 덕택이다.

장이동댁 할머니는

허리가 뒤로 굽고

세일이네 할머니는

허리가 앞으로 굽고

장이동댁 할머니는

염소가 할머니를 끌고 가고

세일이네 할머니는

할머니가 염소를 끌고 가네

　　　—김용택 '우리 동네 할머니 두 분' 전문

이 세상을 실어 오고 실어 가는

새벽 강물에

눈곱을 닦으며,

우리 이렇게

그리운 눈동자로 살아

이 땅에 빚진

착한 목숨 하나로

우리 서 있을 일이다.

　　　—김용택 '섬진강 5' 중에서

겨울 해가 학교 뒷산에 걸린다. 시가 넘친 강가에서 놀고 있던 아이들이 이제는 돌아가자는 듯 선생님 주위로 몰려든다.

아이들의 눈높이로 쓴 동시는 모두 아이들이 보여주거나 들려준 것이고, '가문 섬진강을 따라가며 보라'며 시작한 많은 섬진강 연작시들은 섬진강이 도와준 것이다. 열심히 시를 쓰지 않으면 아이들에게 부끄러웠고, 시를 쓰지 않기에는 섬진강이 너무 아까웠다. 시인은 아이들과 섬진강이 정말 좋다. '왜 그냐면… 그냥 좋다.'

겨울 해가 학교 뒷산에 걸린다. 시가 널린 강가에서 놀고 있던 아이들이 이제는 돌아가자는 듯 선생님 주위로 몰려든다. 곧 섬진강을 따라 한 줄이 되는 시인과 아이들. 학교 옆, 겨울 하늘 잎 진 미루나무에 까치집 하나 달랑 걸려 있다.

◌◌

습기를 머금은 강바람 탓에 몸에 감기는 추위가 더욱 싸하게 느껴지던 초겨울 아침, 마암분교 교문으로 들어서니 160㎝짜리 시인이 아이들 틈에서 공을 차고 있었다. 공 몰이에 자신이 없는 시인은 아이들의 옷을 잡아끌며 장난을 치고 아이들은 뒤에서 쑥떡을 먹였다. 결국 시인이 찬 공은 운동장 너머 섬진강으로 굴러갔고, 그 공을 쫓아가는 아이들을 보며 시인은 한참이나 개구진 웃음을 지어보였다.

김용택을 만나기 위해 전북 임실군 덕치초등학교 마암분교를 찾은 이후, 마암분교는 김용택 덕분에 시인을 길러내는 명품 분교로 소문이 나며 도시에서 전학 오는 아이들이 늘어나, 2005년에는 다시 본교

공놀이에 자신이 없는 시인은 아이들의 옷을 잡아끌며 장난을 치고 아이들은 뒤에서 쑥떡을 머였다. 결국 시인이 찬 공은 운동장 너머 섬진강으로 굴러갔고, 그 공을 쫓아가는 아이들을 보며 시인은 한참이나 개구진 웃음을 지어 보였다.

시와 아이들 중 어느 것이 우선이냐는 우문에 주저없이 「애들」이라고 답하는 그는 시인이기 이전에 선생님이었고, 아이들의 동심과 동심이 표현된 글들을 높이 샀다.

로 승격됐다.

당시 김용택이 담임을 맡고 있던 2학년 동수·은미·인수, 5학년 초이·소희·귀봉이 여섯 아이는 이렇게 말했다.

"반칙 대장이에요."

"나보다도 장기를 못 둬요."

"점심시간에 밥 먹으러 갈 때는 늘 1등이에요."

이 아이들이 김용택이 엮은 동시집 《콩, 너는 죽었다》를 만든, 김용택 덕분에 스타가 된 그 아이들이다.

세상을 따뜻하게 만드는 시인들은 다 위대하며, 심지어 문학의 열병을 앓고 있는 문청들에게는 시인은 곧 하느님이다. 하물며 온 세간에 이름을 떨치고 있는 김용택임에야. 하지만 시인과 함께 생활하는 아이들에게 김용택은 단지 자신들의 대장 노릇을 하고 있는, 장기의 말이 가는 길도 제대로 모르는, 점심 때 본교에서 급식차가 오면 수업이고 뭐고 가장 먼저 달려가는 자신들보다 조금 큰 개구쟁이일 뿐이었다.

"전북 순창농고를 졸업하고 농사를 짓다가 스물두 살 때 '장난삼아' 교원양성소에 들렀는데, 그게 내 인생을 바꿨습니다. 지나고 보니 동심 속에서 사는 것만큼 큰 행복도 없습디다."

시와 아이들 중 어느 것이 우선이냐는 우문에 주저 없이 '애들'이라고 답하는 그는 시인이기 이전에 선생님이었고, 아이들의 동심과 동심이 표현된 글들을 높이 샀다. 그리고 그 또한 분명 아이로 살았다.

김용택 인터뷰 당시 나는 일주일 간격을 두고 한 번 더 그를 찾아갔었다. 앞서 취재를 잘 마치고도 재차 방문한 것은 한심하게도 취재수첩을 두고 왔기 때문인데, 취재수첩도 찾아올 겸 편안한 마음으로 시인을 한 번 더 만나보자는 심사에 다시 걸음을 했던 것이다.

  하지만 소 뒷걸음치다 쥐 잡는다고, 정작 실속 있는 방문이 된 것은 소소한 이유로 찾아간 두번째였다. 나의 '김용택 진면목 찾기'와 '표현하기'는 그저 물끄러미 옆에서 지켜보기만 한 두번째 방문만으로도 족했다. 카메라 앵글이 따라가듯 그와 아이들의 하루 풍경을 지켜보며 묘사하는 것만으로 충분히 기사가 완성됐기에, 어렵사리 되찾아온, 첫날 그와 나눈 이야기를 빼곡히 담은 취재수첩은 무용지물이 되고 말았다. 혹자는 "인터뷰도 하지 않고 인물 기사 쓰는 놈이 어딨냐"고 욕할는지 모르지만, 그와 나눈 이야기를 활자화한 건—하나도 없다.

김용택

1948년 전라북도 임실군 진메마을에서 태어났다. 1969년 순창농림고교를 졸업하고, 자신의 모교이기도 한 임실운암초등학교 마암분교에서 아이들을 가르치며 시를 썼다. 1982년 창작과 비평사의 《21인 신작시집》에 시 '섬진강'을 발표, 등단하였다. 2008년 8월 31일자로 교직을 정년퇴임했다.

시집으로《섬진강》《맑은 날》《꽃산 가는 길》《누이야 날이 저문다》《그리운 꽃 편지》《그대 거침 없는 사랑》《강 같은 세월》《그 여자네 집》《나무》《연애시집》《그래서 당신》등이 있고, 산문집《섬진강을 따라가 보라》《그리운 것들은 산 뒤에 있다》등이 있다.

제6회 김수영문학상, 제12회 소월시문학상을 수상했다.

이유
서민
환미

ⓒ 최수연

완벽한 동반자라는 건 바로 이런 것이다.
같은 나이에, 같은 공부하고,
사랑하고 결혼해서, 같은 길을 걷는 것.
부부싸움 같이 사소한 것은 물을 필요도 없다.

그들, 숲처럼 만나 숲처럼 나이 들다

서민환_국립환경연구원 연구관
이유미_국립수목원 연구관

●

신작로 공사가 한창이던 시절, 어느 마을이고 동구 밖 당숲을 해친 인부가 피를 토하고 죽었다는 소문 하나씩은 있었다. 그 이야기를 들은 날, 으레 아이들은 무섭게 불을 내뿜는 나뭇등걸 꿈을 꾸게 마련이었고. 물론 진짜 일어난 일일 수도 있으나, 아마도 경외의 대상이 단절과 망각의 존재로 바뀌는 안타까움을 담은 일종의 의도된 뜬소문이었을 것이다.

하지만 프랑스의 문필가 샤토브리앙은 '문명의 앞에는 숲이 있고 문명의 뒤에는 사막이 남는다'고 했던가. 현실적으로 봐도 숲의 파괴가 마을의 재앙으로 이어지는 것은 분명하다. 산사태·홍수·토사 유출…. 벌거벗은 붉은 산엔 메아리도 못 산다.

인간도 자연의 일부라는 일원론이 자연과 인간을 투쟁의 대상으로 본 이원론적 사고에 무너질 때, 그리하여 그 결과가 다시 우리에게 돌아올 때, 우리는 숲으로 가야 한다. 숲이 살아야 사람이 산다. 그리고 숲 하면 누구보다 우선 상쾌하게 떠오르는 사람들. 오늘도 광릉 숲으로, 점봉산으로, 제주 비자림으로, 울진 소광리로 가고 있을 그들은 바로 숲을 닮은 '부부 숲 박사' 이자 식물에 대한 이런저런 궁금증을 맛깔스런 글 솜씨로 속 시원히 풀어주던 서민환·이유미박사다.

"4월은 식목일이 낀 달이라 유난히 글 써달라는 곳이 많습니다. 가끔 강의 요청도 들어오고요. 주객이 전도되는 것 같아 바깥일은 될 수 있는 대로 피하고 있는데, 그쪽에서 끝까지 떼를 쓰면 어쩔 수 없더라고요. 모질게 끊어버려야 하는데…. 이것도 병입니다."

이유미 박사의 모지락스럽지 못함을 남편 서 박사가 숲처럼 편안하게 바라본다. 둘은 서울대학교 임학과 1981학번 동기다. 같은 해 같은 과에 입학했지만 서로 별 다른 관심이 없었던 둘이 가까워진 것은 대학원 진학을 준비할 무렵이었다. 함께 도서관에서 공부를 하며 서민환은 '영원한 동반자로 지내면 참 좋겠다' 는 소망에, 서울대 임학과 역사(서울대 임학과는 1907년 개설됐다.) 이래 여섯번째 여학생인 이유미에게 프로포즈를 한 것이다. 그리고 그게 다였다. 프로포즈를 받고도 이유미는 좋다 싫다 펄쩍 뛰지 않았고, 서민환은 그후로도 감정을 앞세우지 않고 여전히 변함없는 우정을 보내주었다. 요즘 젊은이들 사이에 유행하는 말처럼 숫제 '쿨하게' 시작한 사랑이었다.

대학원에 진학하고서도 서민환의 지극 정성은 계속됐다. 게다가 일이 되려고 그랬던지, 깐깐한 교수를 사사하게 된 이유미와 달리 서민환은 상대적으로 널널한 교수 밑에 배치를 받았다. 풀린 학생 서민환은 꼬인 학생 이유미를 위해 배려를 아끼지 않았다. 새벽까지 과제

둘은 서울대학교 입학과 1981학번 동기다. 요즘 젊은이들 사이에 유행하는 말처럼 숫제 「쿨하게」 시작한 사랑이었다.

를 도와주고, 한밤중 아카시아 꽃을 따러 갈 때 따라도 가주고, 이유미가 연구실 책상에 엎드려 지쳐 잠들면 모기장도 쳐주고…. 그게 보기 좋았던지 주변에서는 서민환에게 '헌신짝'이라는 별명을 붙여주었다.

"돌이켜보면 참 잘 걸어왔다는 생각입니다. 수질을 연구하는 사람은 똥물 맛도 봐야 하고 대기를 연구하는 사람은 굴뚝도 타야 하는데, 우리는 맑은 공기 맡으며, 게다가 부부가 같이 하고 있으니 얼마나 행복해요."

서민환 박사의 전공은 산림생태학이고, 이유미 박사의 전공은 식물분류학이다. 서 박사는 국립환경과학원에서 생물 다양성을 연구하고 있고, 이 박사는 국립수목원에서 식물 자원을 집대성하고 있다.

숲에서 일하기에 자주 듣는 말은 숲을 닮아 삶도 정적(靜的)이지 않느냐는 것. 그러나 사분사분한 성격의 두 사람도 이때만큼은 '모르는 소리'라며 동시에 손사래를 친다. 생태계 파괴 현장에서 며칠씩 노숙도 해야 하고, 희귀식물을 찾아 오지와 밀림도 헤매야 한다. 탐험가가 따로 없다.

숲도 마찬가지다. 가만히 있는 것 같지만 숲속은 동물 세계보다 훨씬 치열하다(이 부분에서 서 박사는 "동식물의 DNA를 비교해보면 식물이 동물보다 세 배나 많다"고 이야기한다). 곧은 나무, 굽은 나무 모두 치열한 삶의 결과이다. 그러면서도 양보와 균형과 조화를 이룬다. 팽이가 존다는 말이 있다.

너무 빨리 돌아 도는 듯 멈춘 듯한 상태를 일컫는 말이다. 숲도 그렇다. 가장 역동적일 때 가장 완벽한 생태계를 이루는 것을 밖에서 보는 우리는 평화롭다고 느끼는 것이다.

비슷한 일을 하다 보니 같이 해외 출장을 갈 때도 많다. 언젠가는 각각 환경부와 산림청을 대표해 칠레까지 같이 출장간 일도 있었다. 그때 주변 사람들은 '부부가 여행 삼아 함께 일하러 가니 얼마나 좋으냐'며 부러워했지만, 이건 속 모르는 이야기다. 사람을 파김치로 만드는 국제회의의 곤욕에 이국에서의 망중한 꿈도 못 꾸니까.

두 사람이 좋아하는 숲은 제주 비자림과 점봉산 신갈나무 숲이다. 제주 비자림은 이들 부부가 얼마나 숲을 좋아하는지를 증거해주는 일화가 담긴 곳이다. 신혼여행 때의 일이다. 택시 관광으로 제주도를 한 바퀴 도는 동안 신혼부부가 어디를 데려가도 재미없어하니까, 기사는 '그럼 비자림이나 가보자'며 그들을 구좌읍 비자림으로 안내했다. 그런데 신혼여행 내내 시큰둥하던 부부가 비자림에는 홀딱 반했다. 하도 숲 밖으로 나오지 않자 나중에는 택시 기사가 찾아나설 정도였다.

"숲 연구에 몰두하다 보니, 딸 한나가 태어난 것은 결혼하고 6년이 지나서였어요. 한나에게는 미안한 일이지만, 키울 시간이 없어 처음에는 한나조차 안 가지려고 했지요. 한나는 '낳기만 하면 키워주겠다'는 친정어머니 덕분에 태어난 겁니다."

서 박사와 이 박사의 숲에 대한 관점은 「천천히 가기」와 「기다리기」이다.

전공에 매진하는 와중에도, 나무와 숲에 대한 세상의 잘못된 인식을 바꾸는 일 역시 게을리 하지 않았다. 어느 분야나 다 그렇듯 성급한 해석이나 그릇된 판단이 단초를 제공하고 언론이 그것을 정당화시키는 무지의 소치가 비일비재했던 것이다.

"언젠가 모 방송사에서 인터뷰를 부탁해온 적이 있었습니다. 우리나라 야산의 많은 부분을 차지하고 있는 아카시아나무를 비방해달라는 것이었지요. 단박에 거절했습니다. 나는 싫으니 다른 적임자를 찾아보라고요. 척박지에는 콩과식물을 심어서 양분을 고정하는 것이 당연한데, 이제 숲이 조금 우거졌다고 해서 아카시아 같은 잡목을 왜 심었느냐고 비난하는 게 말이나 됩니까."

서 박사와 이 박사의 숲에 대한 관점은 '천천히 가기'와 '기다리기'이다. 서 박사가 말하는, 근래 들어 천대받는 아카시아는 사실 지난날 땅이 마구 흘러내리는 산에 심을 수 있는 가장 좋은 나무였다. 뒷얘기 좋아하는 사람들은 '녹화사업 30년 해서 뭐가 남았느냐'고 하지만, 아카시아야말로 황폐한 땅을 다른 식물이 살 수 있는 공간으로 만든 1등 공신인 것이다.

물론 유럽 등지를 많이 다녀본 사람들은 잘 가꿔진 그들의 숲이 부러울 수도 있다. 하지만 선진국의 숲은 200~300년을 가꾼 숲이다. 그들은 산업혁명 시절 일찍이 망쳐 먹었기에, 그때부터 조림 시작해서 이제야 빛을 보고 있는 것이다.

"누대를 내다보는 좋은 나무는 앞으로 심어나가면 됩니다. 진짜 나무심기는 이제부터 시작이에요. 1헥타르에 2000~3000본 심어서 100~200본이 될 때까지 조림해나가면 200년 후에는 온 나라가 멋진 숲으로 바뀔 겁니다."

나무의 참 모습을 소개하기 위해, 시민들이 숲과 좀더 친해졌으면 하는 바람에, 서민환·이유미 박사는 책도 여러 권 냈다. 이 중 절반은 둘이서 공동 저술한 것이고, 절반은 이 박사 혼자 이름으로 냈다.

공저의 원고는 서 박사가 초안을 잡고 이 박사가 전체적으로 다듬는다. 이 박사는 웬만한 글쟁이 못지않은 문장력을 자랑한다. 예를 들어 서 박사의 초안에 '한라산 정상에 서식하는 구상나무 군락'이라는 구절은 이 박사를 거쳐 '구름을 이고지고 있는 구상나무 숲'으로 다시 태어난다.

"중학교 때는 글쓰기에 심취하기도 했습니다. 당시 교내에 '해바라기 배지'라고 해서 전교에서 매달 한 명씩 선정하는 문학소녀의 상징이 있었는데, 계속 미끄러지다가 3학년 때 마침내 그 배지를 달았지요."

생태계를 다룬 책을 보면 식물을 알면 글이 안 되고 글이 되면 식물을 모르는 경우가 허다한데, 이 박사는 둘 다 되는 몇 안 되는 사람이다. 장기수 출신 생명운동가이자 《야생초 편지》의 저자 황대권이 '자연과학자 중 이유미만큼 글 잘 쓰는 사람은 못 봤다'고 했을 정도.

진정 함께 한다는 것은 비올 때 우산을 씌워주는 것이 아니라 함께 비를 맞는 것. 그때부터서 박사 가족의 주말은 소외된 이웃을 위한 시간이 되었다. 두 사람뿐만 아니라 딸 한나도, 어머니도. 아낌없이 주는 나무처럼.

원래 서민환·이유미 부부가 꿈꾼 이상적인 삶은 복잡한 세상을 벗어나 숲으로 들어가기였다. 그러나 숲을 가꾸는 것도 결국은 인간을 위한 것. 숲의 뜻이었을까. 숲이 맑은 공기를 만들어 인간을 숨 쉬게 하듯 지금 그들은 나누는 재미에 빠져 있다(두 사람은 가톨릭 신자다. 서 박사는 모태 신앙이고 이 박사는 결혼 후 남편을 따라 성당에 다니기 시작했다. 서 박사의 세례명은 마르코이고, 이 박사의 세례명은 마리스텔라다).

"3년 전 지인에게 봉사모임인 빈첸시오아바오로회를 추천받았습니다. 고통 받은 이웃과 직접 인간적으로 접촉하는 모임이지요. 그때 '마음은 있지만 출장이 많아서 힘들겠다' 고 했더니, 회원 한 분이 우리 손을 꼭 잡으시면서 '나보다 출장이 많으냐' 며 묻더군요. 알고 보니 그분은 항공기 기장이셨어요."

진정 함께한다는 것은 비올 때 우산을 씌워주는 것이 아니라 함께 비를 맞는 것. 그때부터 서 박사 가족의 주말은 소외된 이웃을 위한 시간이 되었다. 두 사람뿐만 아니라 딸 한나도, 어머니도. 아낌없이 주는 나무처럼.

완벽한 동반자라는 것은 바로 이런 게 아닐까. 같은 나이에, 같은 공부를 하고, 사랑하고 결혼해서, 같은 길을 걷는 것. 부부싸움같이 사소한 것은 물을 필요도 없다. 이래저래 곱씹어보다 너무 완벽해 삶이 건조할 것 같다는 물음에, 둘이 함께 웃는다. 그 웃음이 숲을 닮았다. 자연인 서민환·이유미의 존재 이유―그것은 숲처럼 살기다.

서민환·이유미

두 사람은 1962년에 서울에서 태어나 서울대학교 산림자원학과를 졸업하고 같은 대학원에서 박사학위를 받았다.

서민환은 숲에 사는 생물과 환경의 관계를 연구하는 '산림생태학'을 전공했다. 〈생태계 영향 평가기법 개발〉〈환경개선을 위한 정화생물 개발〉〈귀화식물에 의한 생태계 영향〉 같은 여러 프로젝트에 참여했으며, 지금은 국립환경연구원에서 연구관으로 일한다.

이유미는 식물을 체계적으로 분류하고 연구하는 '식물분류학'을 전공했다. 〈한국의 야생화 대탐사〉〈희귀·특산식물 보존〉〈산림생태계 다양성 조사 및 보존관리〉 등 여러 프로젝트에 참여했으며, 지금은 국립수목원에서 연구관으로 일한다.

저서로는 《우리가 정말 알아야 할 우리 나무 백가지》(이유미) 《한국의 야생화》(이유미) 《한국의 천연기념물》(공저) 《쉽게 찾는 우리 나무 1~4》(공저) 《우린 숲으로 간다》(공저) 《광릉 숲에서 보내는 편지》(이유미) 등이 있다.

'일용할 양식'이란 곧 열심히 일해서 자신의 일용 양식을 먼저 챙기고, 나머지는 축적할 게 아니라 남의 일용 양식을 위해 하늘에 쌓아두라는 뜻이다. 배곯지 않으면 뺏고 싶은 마음도 생기지 않는 평화로운 세상이 된다.

3부

하늘의
시를
땅에 쓰다

원경선

ⓒ 임승수

산줄기에서 벗어난 밋밋한 들판에 원경선은 침묵의 시를 쓴다.
사람이 사유욕을 버리면 오히려 부요해지는 신비가 그의 시에 사무친다.
사람이 사람과 더불어 사는 아름다운 전설이 그의 시에 메아리친다.
원경선의 시엔 태초의 숨결이 넘친다. 원경선은 하늘의 시를 땅에 쓴다.

거룩한 농부

원경선_농부

●

1995년 6월 5일, 남아프리카공화국 수도 프리토리아. 내로라하는 세계 각국의 저명인사들이 남아공 국립극장의 객석을 가득 메운 가운데 '글로벌500' 시상식의 막이 올랐다. 글로벌500은 유엔환경계획(UNEP)에서 지구환경보호에 헌신한 개인과 단체 500명(곳)에게 주는 환경계의 노벨상이다.

이날 수상자 가운데는 흰 두루마기에 고무신을 신은 한국인도 한 명 끼어 있었다. 백발이 성성한 그는 느린 걸음으로 식장으로 들어왔고, 입구에 늘어선 인사 중 남아프리카공화국 대통령이자 세계인권운동의 상징인 넬슨 만델라와 눈이 마주쳤다. 거인들은 서로를 알아보는 법. 그가 먼저 웃음을 건네자 만델라도 특유의 소탈한 미소와 함께 악수를 청해왔다.

잠시 후 행사가 시작되고, 수상자 소개와 시상식이 차례로 이어졌다. 그리고 드디어 그의 차례. 늙은 농부가 한평생 유기농업을 실천하는 내용을 담은 짧막한 다큐멘터리가 나간 후 이윽고 그의 이름이 호

명됐다.

"코리아, 원경선!"

박수갈채 속에 두루마기 자락을 여미며 단상으로 오르는 백발의 노인. 그가 바로 한국 유기농업의 아버지 원경선이다.

🐇

미풍에 속리산이 들뜨고 있었다. 춘심을 주체 못 해 연분홍 복사꽃을 무더기무더기 피워내고 있는 속리산 자락을 몇 구비 돌아 풀무원농장(충북 괴산군 청천면)으로 들어설 즈음, 원경선도 봄산에서 내려오는 중이었다. 밭일을 하다 오는지 철 지난 털고무신에는 흙먼지가 뽀얗게 앉아 있었다.

"요 아래 평화원에서 생활하다가 달포 전 이곳으로 올라왔어요. 숙식은 여기서 해결하고 들일은 같이 합니다. 내가 묵고 있는 이 건물은 평화원의 별관인 셈인데, 내 사후 원경선 기념관으로 쓸 거랍디다."

('평화원'은 원경선이 2003년 경기 양주 시절을 접고 이곳으로 들어올 때, 유기농기업 '풀무원'에서 설립자를 위해 농장 한켠을 내주며 시작된 농사공동체다).

단출하게 꾸민 장래 자신의 기념관에서 차를 따르며 이야기보따리를 푸는 그. 백발에 검버섯 몇이 그나마 고령임을 짐작케 할 뿐, 아흔이 훌쩍 넘은 나이에도 불구하고 몸자세와 정신에는 한 치의 흐트러짐이 없다. 또박또박한 말투에 이야기 전개 또한 논리가 정연하다.

'생명 풀무꾼'으로서 원경선의 이력은 1953년 경기 부천에서 미군

원경선은 아흔이 훌쩍 넘은 나이에도 불구하고 몸자세와 정신, 한 치의 흐트러짐도 없다.

자기 먹을거리는 자기가 해결하는 「경제적 품무질」과 성경말씀에 따라 바르게 사는 「정신적 품무질」을 시작한 것이다. 「풀무원」이라는 이름은 그때 만들어졌다.

부대 주위를 떠돌던, 오갈 데 없는 하우스보이들을 돌보며 시작된다. 젊어 한때 수완 좋은 사업가의 길을 걷기도 했던 그는 6·25 전쟁이 끝날 즈음 부천에 땅을 샀는데, 그 땅에서 하우스보이들을 데리고 자기 먹을거리는 자기가 해결하는 '경제적 풀무질' 과 성경말씀에 따라 바르게 사는 '정신적 풀무질' 을 시작한 것이다. '풀무원' 이라는 이름은 그때 만들어졌다.

"나는 농사꾼이자 전도자입니다. 열여섯에 신앙생활을 시작한 후 젊은 시절 두 번의 죽을 고비를 겪었는데, 첫번째 사건 때는 절대자 하느님의 존재를 알게 됐고, 두번째 때는 맹목적으로 예배당에 앉아 믿기만 하면 되는 게 아니라 삶 속에서 실천해야 한다는 것을 깨달았지요. 그때부터 나의 삶은 늘 땀 흘린 만큼 거두는 땅 위에 존재해왔습니다."

부천 시절의 '자립과 올바른 삶' 은 1976년 터전을 경기 양주로 옮기면서 '이웃 사랑과 생명 존중' 으로 심화된다. 평화는 상대적이기에 내가 자급자족하고 바르게 살아도 배곯는 이웃이 뺏으려들면 깨지기 마련인 법. 이때부터 원경선은 개인 풀무질을 넘어, 이기심으로 뭉친 인간을 이웃과 더불어 사는 고귀한 존재로 벼리기 위한 사회 풀무질을 시작한다.

유기농에 눈뜬 것도 그 무렵이었다. 평소 농약 사용을 '간접 살인' 이라고 여겨온 그는 이웃과 모든 것을 나누되 건강한 먹을거리부터 나누자고 다짐하고 곧바로 유기농법을 실행에 옮겼다. 다른 사람의 생명까지 귀하게 여기는 마음에서 시작한 유기농업은 그해 '정농회'

를 조직하며 구체화된다.

"내가 간디스토마가 있었는데, 유기농산물을 먹으면서 싹 나았어요. 이웃을 위해 시작한 유기농에 오히려 내가 혜택을 입은 거지요. 이웃 사랑이 나를 구원하는 메아리입디다."

우리나라를 대표하는 유기농 회사인 '풀무원' 이 문을 연 것은 그로부터 5년 후였다. 양주 풀무 공동체의 유기농법이 세상에 알려질 즈음, 서울대 총학생회장 출신으로 민주화운동을 주도하다 옥살이를 하고 나온 원경선의 장남 원혜영(국회의원)은 서울 압구정동에 공동체에서 생산한 농산물을 가져다 파는 유기농산물 판매장을 연다. 그리고 2년 뒤 경복고 동기인 남승우(현 풀무원 대표)와 합작해 풀무원 식품회사를 설립하며 오늘날의 대기업 풀무원을 일궈낸 것이다.

자신에게서 풀무원이라는 대기업이 태동했지만, 원경선은 돈에 아랑곳없이 여전히 인류 평화를 꿈꾸며 공동체적 삶을 실천하고 있다. 풀무원은 2003년 괴산으로 내려오며 이름도 '평화원' 으로 바꿨다. 그가 공동체를 꾸리고 세상을 풀무질하는 궁극적 목적은 평화이기 때문이다.

먼 산에 아름답게 물든 단풍도 가까이 가서 보면 벌레 먹지 않은 잎이 없듯, 공동체 운동을 해오는 데는 응당 가족의 고통도 따랐다. 하도 공동체 식구로 북적대니, 어린 시절 자녀들이 '강원도 가서 감자밥 먹더라도 우리끼리만 살아보자' 고 했을 정도였다.

원경선의 물질관, 이웃 사랑, 평화관은 일맥상통한다. 우선 그에게 물질은 소중한 생명과도 같다. 밥 없으면 죽고, 돈도 먹고 살 만큼은 필요하기 때문이다. 다만 '많으면 좋다'고 생각하는 것, 그때부터는 재물이 된다. 밥도 한 그릇이면 딱 좋지만, 열 그릇 백 그릇 먹으면 사람이 죽는다. 자신뿐 아니라 나눠주지 않았으니 남도 죽인다.

"팔레스타인 땅에 가보면 갈릴리 바다와 사해라는 두 호수가 있습니다. 갈릴리 호수는 헬몬산에서 흘러내린 물을 받아 호수를 채운 후 요단강으로 다시 흘려보내기에 물고기가 펄쩍펄쩍 뛰고 생명이 넘칩니다. 반면 사해는 요단강의 물을 받기만 하고 내보내지 않기에 썩은 냄새가 나며 물고기가 한 마리도 살 수 없습니다. 이 두 호수야말로 정당한 물질관을 가르쳐주는 좋은 예입니다. 필요한 만큼만 가지고 나머지는 남에게 나눠줘야 모두가 삽니다."

세계 인구의 5분의 1이 굶고 있는 지금, 자기가 가진 것의 5분의 1만 내놓으면 모두가 굶지 않을 수 있다. 먹을 것이 평화의 기초이다. '우리가 쏘아올린 총알은 궁극적으로는 먹지 못한 사람의 밥과 헐벗은 사람의 옷을 도둑질해서 만든 것'이라는 미국 34대 대통령 아이젠하워의 말은 원경선의 평화관을 역으로 대변하는 것이다.

이러한 원경선의 사상은 멀리 있는 게 아니라 기독교인이 늘 입에 달고 다니는 '주기도문'에서 출발한다. 그가 하고 싶은 말은 '오늘 우리에게 일용할 양식을 주옵시고'에 다 들어 있다.

"여기서 말하는 '일용할 양식'이란 곧 열심히 일해서 자신의 일용 양식을 먼저 챙기고, 나머지는 축적할 게 아니라 남의 일용 양식을 위해 하늘에 쌓아두라는 뜻입니다. 배곯지 않으면 뺏고 싶은 마음이 안 생기고, 도둑이 없으면 재물 지킬 군대가 필요 없고, 군대가 없으면 전쟁도 없기에 평화로운 세상이 된다는 것이 나의 평화론입니다."

1989년 그가 한국국제기아대책기구를 꾸린 것도 세상의 가난과 굶주림이 끝나는 그날까지 이웃을 섬기기 위해서다. 이를 위해 그는 늘 '일해서 남 주자'고 외쳐왔다.

그의 평화론은 생명중시, 농업중시와도 일맥상통한다. FTA로 세상이 시끄러울 때, 원경선은 국민을 향해 '눈 뜨고 6·25를 당할 작정이냐'고 목청을 높였다. 6·25 전쟁 당시 워낙 먹을거리가 귀해 피아노와 쌀 한 말을 맞바꿀 정도였는데, 이대로 나간다면 두 눈 뜨고 당시의 상황을 맞을 수 있다는 것이다.

"참 몰상식하고 무서운 이야기입니다. 미국에 이어 중국까지 합세하면 우리나라의 생명 농업은 뒷간으로 가고 맙니다. 모두 참된 국익이 뭔지 진지하게 고민해야 할 때입니다. 국가의 경제적 부보다는 국민 하나하나의 생명을 소중히 여기는 것이 참된 국익입니다."

그는 '20세기 물질문명이 만들어놓은 살생의 문화를 생명의 문화로 바꾸는 데는 농업밖에 희망이 없다'고 말한다. 힘과 자본주의적 경제논리에 사회가 마취되어 있는 게 안타깝지만, 농업의 소중함을 아

늘 푸른 낙락장송이 이러할까. 오늘도 여전히 그는 청년의 열정을 품고 창창한 인생길 위에 서 있다. 그의 풀무질은 계속된다.

는 이들 모두가 십자가를 져야 하며, 생명을 위해 희생한다는 정신으로 농업에 투신해야 한다는 것이다.

남을 위해 시작한 유기농이 자신을 도운 이후, 농업에 대한 그의 철학은 철저히 생명존중을 바탕으로 한다. 인간의 정자수가 감소하고 생태계의 먹이사슬이 깨져나가는 것은 각종 농약·합성세제 남용의 결과이며, 이를 치유하기 위해서는 연어가 강물을 거슬러 오르듯 비료·농약을 치지 않는 유기농업으로 돌아가야 한다는 게 그의 지론이다.

"유기농의 힘? 나를 보세요. 지금 이 나이에 나만큼 활동하는 사람이 또 있을까. 나는 어디를 가나 건강이 가장 큰 자랑입니다. 이 모든 게 유기농 식단 덕분이지요."

가히, 몇 시간이나 계속되는 인터뷰에도 꼿꼿함을 잃지 않는 몸가짐과 맑은 정신은 어디에서고 자부할 만하다. 그러면서 이야기는 자연히 유기농 현미 예찬으로 이어진다.

"나뿐 아니라 우리 공동체 식구들은 현미밥을 주식으로 하고 있습니다. 현미에 든 감마오리자놀은 일종의 뇌 영양제예요. 감마오리자놀은 사람의 생각을 맑게 해주지요. 현미식을 하면 난폭한 사람이 유순해지고 실성한 사람도 낫습니다."

그러면서 현미밥 잘 짓는 법을 일러주는 그. 맛있는 현미밥 짓기는 뜸들이기에 달렸다, 밥을 지은 후 40분 더 뜸을 들여라, 꺼질 듯 말 듯 약한 불로 뜸을 들이면 현미밥도 백미처럼 먹기 좋게 찰기가 생긴다, 팥을 조금 섞으면 더욱 맛이 좋다….

> 산줄기에서 벗어난 밋밋한 들판에 원경선은 침묵의 시를 쓴다. 사람이 사유욕을 버리면 오히려 부요해지는 신비가 그의 시에 사무친다. 사람이 사람과 더불어 사는 아름다운 전설이 그의 시에 메아리친다. 원경선의 시엔 태초의 숨결이 넘친다. 원경선은 하늘의 시를 땅에 쓴다.
>
> — 원경선의 벗 이열이 1979년 쓴 글 '원경선의 시' 중에서

원경선의 오랜 친구 이열은 그를 일러 '원경선은 하늘의 시를 땅에 쓴다' 고 했다. 원경선의 시는 곧 농사이고, 이웃 사랑이고, 평화 만들기이다. 농사꾼으로서, 전도자로서 그는 참 열심히 시를 써왔다.

늘 푸른 낙락장송이 이러할까. 2006년 원경선은 병원에 입원한 적이 있었다. 그때 그는 이대로 하느님께 가도 감사하다고 생각했다가 금세 마음을 고쳐먹었다. 그리고 '평화원을 위해 할 일이 더 남았으니 한 10년만 더 달라' 고 하느님께 기도했다. 오늘도 여전히 그는 청년의 열정을 품고 창창한 인생길 위에 서 있다. 그의 풀무질은 계속된다.

점심식사를 마친 공동체 식구들이 다시 신발끈을 매고 감자밭으로 간 오후. 그도 밭으로 길을 잡는다. 노년의 1년은 청장년의 10년과 맞먹는다. 아직 젊은이들에게 전해줄 선경험과 혜안이 많다. '일하지 않으면 먹지 않겠다' 는 사도 바울(기독교 최초의 전도자)과의 약속도 여전히 유효하다.

밭에는 아지랑이가 한창이다. 식구들이 신경 쓸까봐 기척 내지 않고 조용히 밭둑에 앉는 원경선. 평생 내남없이 일해온 아름다운 손이

씨감자를 자른다. 젊은 농군들과 백수를 바라보는 노인이 있는 풍경. 참 자연스럽다. 평화롭다.

● ●

나와 사진기자가 원경선 옹을 찾아간 날은 철지난 복수초 덤불 위로 난 진달래가 한창 꽃망울을 터뜨릴 무렵이었다. 인터뷰는 오후 1시 30분부터 시작됐고, 6시경 그의 아내 지명희 여사가 차려내온 현미 저녁밥을 들고 나서도 이야기는 계속 이어져 밤 10시가 가까워서야 끝이 났다. 그것도 '더 나눌 이야기가 있으면 내일 또 하자'는 여지를 남기며…. 무려 8시간에 걸친, 받아 적은 취재노트 분량만도 30쪽이 넘는 긴 인터뷰였다.

젊은 내가 지칠 정도였는데, 그는 그 긴 시간을 자세나 정신 모두 조금도 흐트러짐 없이 지난 역사와 연도를 다 되새겨가며 차근차근 짚어냈다. 한 세기에 가까운 삶을 풀어내다 보니 이야기가 중간중간 곁가지를 치기도 했으나, 그는 한참 곁가지로 빠지고 나서도 '내가 어디까지 했더라'라는 의례적인 멘트 한마디 없이 다시 가지 쳤던 원점으로 이야기를 정확히 되돌려놓는 총기를 보였다.

원경선 옹의 이야기가 무르익을 즈음 나는 나를 몇 번이나 책망했다. 아, 녹음기나 보이스펜을 준비했어야 하는 건데…. 나름대로 펜을 잡은 손을 열심히 놀리기는 했지만 유기농과 인류 평화에 일평생을

거룩한 농부 원경선을 묵묵히 따라주고 지지해 준 평생 동지 지명희 여사는 2009년 2월 92세를 일기로 세상을 떠났다.

바쳐온 대 원로의 육성 후일담을 모두 글로 기록하기에는 역부족이었던 것이다.

취재 때 맛있는 현미밥으로 저녁상을 차려준, 남편이 풀어놓는 이야기를 들으며 흐뭇한 미소를 짓던 지명희 여사는 2009년 2월 92세를 일기로 세상을 떠났다. 지 여사는 거룩한 농부 원경선을 묵묵히 따라주고 지지해준 평생 동지였다. 인터뷰 때 이런저런 자료를 뒤지다가 조지훈 시인이 직접 써준 시 '농민송'을 발견하고는 반색하며 주고받던 두 분의 대화가 기억에 남는다.

"조지훈 선생이 당신한테 이런 시도 써줬네?"

"글쎄 말이야. 나도 기억이 가물가물한데."

"그 좋은 목소리로 한번 읽어봐요."

원경선

1914년 평안남도 중화군에서 출생해 황해도 수안군에서 자랐다. 열여섯 살부터 농사지으며 신앙생활 시작했다. 1938년 배화여고를 졸업한 타이피스트 지명희와 결혼했다. 1955년 풀무원을 설립했으며, 1976년 경기 양주로 터전을 옮기며 유기농업을 시작했다. 2003년 충청북도 괴산으로 들어가 농부로서, 전도자로서 자립·나눔의 삶을 실천하고 있다.

경제정의실천시민연합 고문, 거창고등학교 이사장, 한국국제기아대책기구 부회장, 환경정의시민연대 이사장, 환경정의 이사장 등을 역임했다.

1995년 '글로벌500' UNEP 환경상, 1997년 국민훈장 동백장, 1998년 인촌상을 등을 수상했다.

강대인

ⓒ 임승수

벼야말로 평화의 근원입니다. 평화(平和)라는 한자를 보세요.
먼저 화(和) 자를 보면 벼(禾)가 입(口)으로 들어가는 모양인데,
곧 밥을 골고루(平) 먹으면 평화가 온다는 뜻입니다.
그러니 벼농사를 짓는 사람들이야말로 진정 평화를 만들어가는 사람들이지요.

"앗다 요놈들, 올 한 해도 애썼다"

강대인_농부

●

마감 시간은 임박해오는데 글이 안 풀려 공황이 몰려올 때면 '이 스트레스 받아가며 기사 하나 완성하는 것이 상추 한 포기, 무 한 뿌리 길러내는 것보다 더 가치 있는 일일까' 하는 생각을 하곤 했다. 상추는 맛난 반찬이 되지만 글은 써봤자 독자들이 꼭 읽어준다는 보장도 없는데….

그래서 시작한 것이 주말을 이용한 텃밭 농사다. 손바닥만 한 땅이지만 때맞춰 씨를 뿌려놓으면 하늘과 물과 공기의 도움으로 근사한 유(有)가 창조되는 것을 보면, 역시 '농사야말로 가장 생산적인 일이며 농부야말로 가장 온전한 직업'이다. 전남 보성군 벌교에는 농부 중의 농부가 있다. 강대인이 바로 그다.

'벌교에서 주먹 자랑 말고, 순천에서 인물 자랑 말고, 여수에서 돈 자랑 말라' 던 그 벌교가 문향(文鄕)으로 거듭났다. 소설《태백산맥》의 작가 조정래 덕분이다. 무당 소화의 집, 중도방죽 등 소설 속 무대들이 단장되며 벌교 전체가 문학기행지로 자리매김하고 있는 것이다. 그래

논으로 들어서자마자 손뼉을 치고 이삭을 쓸어 올리며, 벼에게 말을 거는 장대인. 이렇게 주인에게 인격적인 대접을 받는 벼가 또 있을까.

서 요즘은 '벌교 가서 문학 관광 자랑 말라'는 이야기도 들린다.

한데 나는 여기에 하나 더 '벌교 가서 농사 자랑 하지 말라'는 한마디를 덧붙이고 싶다. 바로 강대인 때문이다.

벌교의 가을은 꼬막도 익어가고 벼도 익어가는 계절이다. 북국에서 날아온 오리 떼는 허기진 배를 달래기 위해 꼬막 밭에도 앉고 논으로도 모인다. 《태백산맥》의 작가 조정래가 '갯벌로 이어진 고난의 길'로 묘사했던 중도방죽에도 가을이 깊었다.

"벼농사 짓는 놈 보러 왔으니, 논 먼저 봐야제."

벌교읍 마동리. 강대인은 당그래를 이리저리 놀리며 벼를 말리고 있었다. 짝 달라붙는 남도 사투리로 수인사를 하고는, 짧아진 오후 해를 흘금거리며 논으로 길을 잡는 그. 고무신에 물 날린 생활한복을 입은 강대인이 논둑길을 간다. 덥수룩한 수염을 휘날리며 여여하고 허허롭게 걷는다.

중도 들판을 노랗게 물들인 강대인의 벼는 참 포실도 하다. 묵직함에 겨워 포기마다 지긋이 고개를 숙였다.

"앗다 요놈들, 올 한 해도 애썼다."

논으로 들어서자마자 손뼉을 치고 이삭을 쓸어 올리며, 벼에게 말을 거는 강대인. 이렇게 주인에게 인격적인 대접을 받는 벼가 또 있을까. 대답인 듯, 언뜻 이는 바람에 이삭들이 일렁인다.

벌교 농부 강대인은 '벼 박사'로 통한다. 유기농 벼농사꾼치고 강대인을 모르는 사람은 없다. 그는 우리나라에서 처음으로 벼농사 유기재배 친환경인증을 받았으며, 우리나라에서 첫손에 꼽히는 유기농업 단체인 '정농회' 회장도 5년 가까이 맡았다.

현재 그가 일구고 있는 논은 3만 평. 다들 그 넓은 땅이 유기농으로 가능하냐고 묻지만, 지성에는 응당 감천하게 마련이다. 하늘을 믿고 땅을 믿고 벼를 믿기에, 그는 30년 넘게 유기농업을 해오면서도 한 번도 외도를 한 적이 없다. 주변에서 '유기농업의 교과서'라는 소리를 듣는 것도 이런 이유에서다.

강대인이 벼와 인연을 맺은 것은 아버지를 따라다니던 9살 무렵부터다. 이후 순천고등농업전문학교(지금의 순천대학)를 나온 그는 위아래 형제들을 제치고 바로 아버지의 농사를 물려받았다. 23살 때였다.

"아버지와 함께 농사를 시작하던 해 어느 날 아침, 갑자기 아버지가 논에서 피를 토하고 쓰러지셨어요. 그후 점점 몸이 나빠지시더니 3년 후 돌아가십디다. 처음에는 몰랐는데 나중에 알고 보니 농약중독이더라고요. 그때부터 무조건 농약 안 치고 비료도 안 주는 농사를 시작했습니다. 유기농업이라는 말도 없었을 때의 일입니다."

관행농을 하다가 유기농으로 바꾸니 벼 다섯 가마가 나오던 논의 소출이 절반으로 뚝 떨어졌다. 당연히 농업전문대 나온 놈이 왜 저 모양이냐느니, 또라이라느니 하는 말들이 마을에 돌았다. 일순 마음이 흔들렸지만, 그는 아버지의 죽음 앞에서 했던 다짐을 지키기 위해 유기농의 끈을 놓지 않았다.

그 무렵 정농회 참여도 그가 유기농 외길을 걷는 데 한몫했다. 유기농을 시작한 이듬해, 당시 정농회 회장이던 오재길 선생이 '벌교에 농약·비료 없이 농사짓는 엉뚱한 청년이 있다'는 소문을 듣고 찾아온 것이다. 피도 많고 자람세도 형편없는 그의 논을 보면서도 "이것이 바로 우리가 추구하는 농사"라며 감탄하는 오 선생과 그의 뜻이 통했음은 물론이다.

정농회 활동 초기만 해도 농약 비료를 사용 않는다는 것뿐 사실 유기농에 대한 전문지식은 없었다. 앞서서 하고 있는 사람이 없어 배울 데가 없었던 것이다. 유기농을 하면서도 소출을 유지할 방법을 찾던 그는 기초적인 벼의 생리부터 공부하기 시작했다. 그때 도움을 준 책이 일본의 유기농업서인《오르막의 농사》로, 그는 그 책이 너덜너덜해질 때까지 읽고 또 읽었다.

1980년대 초반까지는 미친놈 소리도 많이 들었다. 한 알 한 알 다듬듯 농사지은 쌀을 관행농으로 재배한 쌀과 같은 값에 벌교시장에 내다 팔았는데, 농약 친 쌀처럼 빤득빤득한 색이 나오지 않으니 사가는 사람 없었다. 남들 것은 다 팔리고 그의 쌀만 남으면 그제야 장사꾼이 헐값으로 후려쳐 가져가곤 했다.

"유기농 초기에는 고생도 많았습니다. 경운기 벨트에 손이 걸려 새끼손가락이 잘린 것도 그때였어요. 지금 같으면 웬만한 병원에서도 봉합수술이 가능했을 텐데…. 볏가마니를 지고 수매장으로 가지고 가면 검사원이 오기도 전에 이웃 어른들이 먼저 '저만치 멀찍이 떨어지라' 며 타박을 주기도 했지요. 내 쌀이 아무래도 색이 떨어지니까 옆에 있으면 자기 쌀까지 나쁜 등급을 받을까봐서요. 좋은 쌀 가지고 낮은 등급 받는 것도 속상한 일인데, 이웃 농민들한테까지 무시를 받으니 정말 서럽습디다."

당시 겪었던 일들을 들려주며 눈시울을 붉히는 그. 한 번은 쌀 한 가마니를 들고 시장에 팔러 갔는데 '어린놈이 어른 속인다' 며 멱살잡이를 당한 일도 있었다. 넉넉하게 한 가마니에 2kg을 더해 82kg을 가져갔는데, 되로 달아보니 두 되가 모자랐던 것. 이유인즉슨 그의 쌀이 무거웠기 때문이었다. 알이 충실해서 같은 82kg이라도 부피가 작았던 것이다. 요즘에야 쌀도 무게로 달아 팔지만 당시만 해도 되·말 등 부피로 쌀을 달던 시절의 일화였다.

그렇게 고생하며 농사지은 결과, 1980년대 중반쯤 그의 쌀이 경기미보다 맛있다는 소문이 돌며 시장에 내놓지 않아도 알음알음으로 사가는 사람들이 생겼다. 그리고 1986년부터는 풀무원에 납품도 들어갔다. 그러면서 그의 쌀은 날개를 달기 시작했다.

강대인은 쌀겨를 이용한 유기농업을 한다. 쌀겨를 쓰면 땅에 있는 미생물이 많아져 땅도 살고 밥맛도 좋아질 뿐 아니라, 쌀겨가 부숙되는 과정에서 자연스레 제초도 이뤄진다. 피는 물 조절로 잡는데, 모를

관행농을 하다가 유기농으로 바꾸니 벼 다섯 가마가 나오던 논의 소출이 절반으로 뚝 떨어졌다. 일순 마음이 흔들렸지만, 그는 아버지의 죽음 앞에서 했던 다짐을 지키기 위해 유기농의 끈을 놓지 않았다.

성묘(45일 묘)로 길러 모내기하고 물대기를 깊게 하면 물속에 잠긴 피를 잡을 수 있다. 물이 천연제초제인 셈이다. 병해충은 되도록 모를 성기게 심어서 예방하며, 직접 만든 현미식초·목초액·배초액·유황소금도 가끔씩 뿌려준다. 모를 배게 심으면 공기가 통하지 않아 병도 자주 오고 퇴비도 많이 들지만, 성기게 심으면 병도 생기지 않고 포기벌기가 잘돼 더 많은 수확이 가능하다.

그는 정농회가 채택하고 있는 농법인 생명역동농법(바이오다이내믹 농법)을 국내에 들여온 선구자이기도 하다. 그와 오재길 선생은 비슷한 시기에 각각 일본과 유럽에 견학을 갔다가 생명역동농법을 알게 됐는데, 이 농법이야말로 땅을 살리고 사람을 살리는 길이라는 데 둘은 의기투합했다. 생명역동농법은 오스트리아의 인지학자 루돌프 슈타이너가 창안한 농법으로, 해와 달뿐 아니라 우주의 기운을 모아 농사짓는 방식이다.

"생명역동이라는 거창한 용어가 붙었으나, 이것은 사실 우리의 전통농법이기도 합니다. 우리 조상들도 악귀가 없다고 해서 각종 택일의 기준으로 삼았던 '손 없는 날', 오행의 흐름이 좋지 않아 씨앗 뿌리기를 피했던 '고초일(枯焦日)' 등 하늘의 기운을 감지해 농사를 지어왔어요. 곧 파종·모내기·수확 등 모든 일을 최상의 날짜에 맞추는 것이지요."

작물은 햇빛·공기·물만 있으면 자란다는 게 농업계의 정설이기에 생명역동농법에 대해 고개를 갸웃거리는 사람도 많지만, 작물 역시 우주의 일부라고 생각하면 이해 못 할 것도 없다. 우리는 느끼지 못하는 달의 기운이 지구 전체의 바다를 움직여 밀물과 썰물을 만들 듯 우리 주변에 가득한 우주의 기운 역시 크고 작은 영향을 미치기 때문이다.

"생명역동농법에 충실한 유기농으로 땅을 만들어왔더니 이제는 어느 논에서나 관행농 못지않은 소출을 보고 있습니다. 그동안 주변에도 이 농법을 널리 알려왔지만 다들 만족할 만한 성과를 보지 못하고 있습니다. 그 이유는 농약과 비료의 유혹에 젖어 하늘의 기운에 대해 반신반의하다 보니 그 기가 제대로 전달되지 않기 때문입니다."

또한 강대인은 민간 육종가이기도 하다. 중도 들판 한쪽에는 웬만한 연구소 못지않은 시험포가 있다. 그곳에 있는 각양각색의 벼 품종마다 그만이 알아볼 수 있는 표식이 붙은 채 시험 재배중이다. 유기농을 시작하던 초기, 맛없는 통일벼를 대체하기 위해 일본에서 고시히카리 종자를 구해와 우리나라 환경에 맞게 육성한 사람도 그다.

그의 논 한쪽 자락에는 녹미·흑향미·적미가 재배되고 있는데, 이들 벼들이 자라는 논은 황금물결이 아니라 검보랏빛 또는 붉은빛을 띠고 있어 논에 대한 고정관념을 깨게 만든다. 녹미는 1988년 일본고대미연구소에서 몇 알 구해와 증식한 것으로, 껍질은 검고 알맹이는 녹색이다. 동의보감에 '겉이 검고 속이 푸른 청량미는 소갈병에 좋다'고 나와 있는 우리나라 토종이기도 하다. 상강 이후 하늘 기운을 잔뜩 머금었을 때 수확하며, 위장과 피부에 좋은 것으로 알려져 있다.

흑향미는 오재길 선생이 강대인의 농법을 중국에 소개하고 얻어온 것이다. 누룽지를 먹는 것처럼 구수한 향이 나는 쌀이다. 적미는 녹미·흑향미를 재배하던 중 발견한 변이종인데, 향도 있으면서 맛도 좋다. 이러한 강대인의 특수미는 해를 넘기지 않고 모두 팔릴 정도로 인기가 높다.

"쌀은 우리의 혼이자 생명입니다. 내 쌀의 브랜드 명을 '생명의 쌀'이라고 붙인 것도 이 때문입니다. 또한 벼야말로 평화의 근원입니다. 평화(平和)라는 한자를 보세요. 먼저 화(和) 자를 보면 벼(禾)가 입(口)으로 들어가는 모양인데, 곧 밥을 골고루(平) 먹으면 평화가 온다는 뜻입니다. 그러니 벼농사를 짓는 사람들이야말로 진정 평화를 만들어가는 사람들이지요."

벼에 대한 그의 애정은 지극하다. 아침마다 찾아가 인사를 나누는 것은 물론 병이 생겼을 때는 밤잠을 자지 않고 논둑에 나가 같이 앓아준다. 씨를 뿌리거나 모를 낼 때는 초상집에도 가지 않는다. 우울한 마음으로 파종하거나 모내기를 하면 벼도 일생 동안 우울하게 자라기 때문이란다. 이것은 미신이 아니라 믿음이다. 언젠가 태풍으로 논이 침수됐을 때는 벼들이 얼마나 고통스러울까, 하는 생각에 바지를 걷어붙이고 논에 들어가 한나절을 벼와 함께 서 있기도 했다. 이렇게 애정을 쏟으니 벼가 잘되는 것은 당연한 일. 그의 쌀을 사먹는 소비자는 강대인을, 강대인의 정신을 먹는 것이다.

벼에 대한 그의 애정은 지극하다. 아침마다 찾아가 인사를 나누는 것은 물론 병이 생겼을 때는 밤잠을 자지 않고 논둑에 나가 같이 앓아준다.

강대인이 아내를 만난 것도 정농회를 통해서다. 두 사람은 1984년, 제4호 정농부부로 결혼했다.

강대인은 1997년에 '우리원'이라는 식품 회사를 열었다. 1980년대 중반 3000평 밭에 케일·당근 등을 재배해 녹즙용으로 풀무원에 납품했는데, 그때 버려지는 등외품이 아까워 효소를 만들어 집에서 먹기도 하고 이웃에도 나눠줬다. 그러던 것이 찾는 사람이 점점 많아지는 것에서 착안, 발효식품도 만들어 판매하고 쌀도 유통시키는 회사를 꾸리게 된 것이다. '우리원'의 사업 가운데 쌀 부문은 그가 담당하고, 식품 부문은 아내 전양순 씨가 맡아서 챙기고 있다.

강대인이 아내를 만난 것도 정농회를 통해서다. 오재길 선생이 역시 정농회 회원인 풀무원의 창립자 원경선 선생의 농장에 견습생으로 와 있던 여성 농군 전양순을 소개한 것이다. 두 사람은 1984년, 제4호 정농 부부로 결혼했다.

강대인은 농사짓는 틈틈이 '늦을수록 고생이니, 내일이라도 당장 농촌으로 들어오라'며, 귀농을 희망하는 사람들에 대한 교육도 열심이다. 5월부터 가을까지는 농사 때문에 시간을 내기 힘들지만 겨울과 초봄에는 강의도 다니고 방문객도 받는다. 그가 예비 귀농인에게 강조하는 것은 농업은 종합 예술이라는 것. 경작뿐 아니라 기계 다루기·집수리·목공기술 등 농촌생활에 필요한 모든 것이 몸에 배야 농부가 되며, 그러기 위해서는 하루라도 빨리 부딪쳐 적응해야 한다는 게 그의 지론이다. 물론 모든 교육의 바탕에는 유기농 정신이 자리하고 있다.

"유기농산물의 힘은 보통이 아닙니다. 몸만이 아니라 마음까지 건강해지고, 영성도 키워줍니다. 이것이 유기농업을 해야 하는 이유입니다. 유기농업은 초기에는 힘들지만 몇 해 지나지 않아 곧 적응이 됩니다. 논을 마루나 방처럼 소중히 다루면 더 정이 갑니다."

벌교 남쪽, 피라미드처럼 뾰족 솟은 첨산 꼭대기에만 볕이 몇 줌 남아 있는 해거름 녘. 논을 한 바퀴 둘러본 강대인이 집으로 들어선다. 그동안, 지독히도 비 많았던 지난여름을 넘어온다고 고생한 벼들을 짱짱한 가을볕이 고슬고슬하게 말려놓았다. 이제 풍성한 자루에 담아 선선한 창고에 잘 보관만 하면 될 일이다.

다시 당그래를 들고 펼쳐놓은 벼들을 모으는 강대인. 시나브로 하늘의 솜털구름에 노을이 끼기 시작한다. 내일도 날이 좋겠다. 섭리에 순응하며, 강대인은 만족스런 표정으로 잠시 눈을 감는다. 이것은 하늘의 기운에, 땅의 정령께 드리는 감사의 기도이기도 하다.

프랑스 화가 밀레가 바르비종 들판에서 만난 해질 녘의 정경도 이러하지 않았을까. 이 순간, 밀레의 〈만종〉 속에 강대인도 들어가 있다.

강대인

1974년 아버지가 농약 사고로 돌아가신 후, 1979년부터 홀로 친환경 농업을 시작했다. 1995년 국내 최초 유기재배 품질인증을 획득했다.

선진농업인 우수 선도농가·환경농산물 축제 곡류부문 쌀 우수상·친환경 부문 새농민 상·석탑산업 훈장 등 많은 상을 수상했다.

유기농업 단체인 정농회 6대 회장을 거쳐 현재 이사로 활동하고 있다.

전우익

ⓒ 최수연

농사를 지어보니 밭 갈아 씨 뿌리는 일 정도가 사람이 하는 일이고,
싹트고 크고 영그는 일은 땅 기운, 햇빛, 비바람의 조화로 이루어집디다.

연필처럼 살다 가야지

전우익_농부

●

낮게 깔린 겨울해가 앞산에 걸리자 동네는 벌써 응달이 진다. 갓 정오를 넘겼지만, 심산유곡이라 도리가 없다. 산촌 오후의 스산한 분위기 때문인지, 일러준 대로 찾아간 동네 맨 안쪽 고가의 모습은 더욱 을씨년스럽다. 눈 덮인 지붕 위로는 바싹 마른 와송과 대궁만 남은 강아지풀이 무성하고, 집 주위에는 오래 전에 패다만 장작들이 너저분하고…. 얼른 보면 폐가로 치부할 수도 있지만, 집 구석구석에 밴 군불 냄새가 인가(人家)임을 느끼게 한다.

"코팅했네. 이런 종이는 환경에 안 좋은데…."

어두컴컴한 방안. 전우익은 불도 켜지 않고 있다가 방문객을 맞았고, 기자가 내민 잡지를 만져보고는 시큰둥하게 한마디 던졌다. 종이와 비닐 어느 것으로나 재활용을 못 하는 잡지 표지에 대한 못마땅함이었다. 그 한마디에는 경북 북부지방 양반의 꼬장꼬장함과 입바른 소리를 하는 데 주저할 게 없는 늙은 농부의 고집이 그대로 묻어났으며, '귀찮은 놈들이 또 왔네' 하는 뻐딱한 심사까지 담겨 있었다.

겨울이면 낮잠 자는 게 일과 중의 하나라더니, 막 단잠에서 깨어난 모양이었다. 잡지를 휘 훑어보고는 손바닥만 한 스탠드를 켜며 담배에 불을 붙이는 그.

"담배 안 태우니껴? 담배들 피워. 난 88만 펴요. 88 피면 팔팔해지니까."

조금 전의 시니컬한 멘트와는 사뭇 다른 뜻밖의 우스개 한마디에 어둡고 무겁던 실내에 금방 생기가 돈다.

방안의 어둠이 익숙해지면서 서서히 주변이 눈에 들어온다. 방을 가로지르는 빨랫줄에는 낡은 수건 몇 장과 소 방울이 걸려 있고, 벽에는 무시래기와 깨진 거울, 살만 남은 부채가 매달려 있다. 머리 위 시렁에는 수북이 쌓인 책이 보인다. 나무를 다듬고 있었는지 윗목에는 잡동사니가 가득하다. 청소와 정리의 개념을 염두에 두지 않은, 손닿는 데 필요한 것이 다 있는 방 안 풍경이 도시에서 찾아간 우리에게는 괴이쩍기까지 하다.

'내신 책 두 권이 너무 좋아 꼭 만나고 싶었다'는 이야기에, 아니나 다를까 그는 굵은 손으로 주름 많은 얼굴을 쓰다듬으며 삐딱하게 한마디 던진다.

"당치도 않은 글인데 뭐 하러 책은 내자고 하는지…. 이제는 절대 책 안 내요. 재미있는 일이 얼마나 많은데 처량하게 글을 쓰고 앉아 있어. 진짜배기는 많은 사람이 아는 게 아니라 너하고 나하고만 아는 거야."

'인간은 이름을 남기고 호랑이는 가죽을 남긴다'는 이야기도 다 부

청소와 정리의 개념을 염두에 두지 않은, 손닿는 데 필요한 것이 다 있는 방안 풍경.

질없는 것, 더 이상 짐 지지 않고 살고 싶다 했다. 달팽이만 평생 등에 집을 지고 사느냐며. 사람들은 달팽이보다 더한 짐을 지고 살고 있지 않느냐며. 하긴, 당장 집만 보더라도 달팽이는 날 때부터 집을 가지고 태어나기나 하지, 사람들은 빈 몸으로 태어났으면서도 그 무거운 집을 갖고 싶어 안달이니….

"언젠가 꽤 명망이 있는 팔순 노인을 만난 적이 있어. 그런데 건네는 명함을 보니까 학술원 회원이다 문학박사다 명예교수다 뭐다 해서 대여섯 가지 직함을 가지고 있더라고. 왜 그렇게 불쌍해보이던지…. 이 영감쟁이가 여든이 넘어서도 이 짐을 못 벗고 사는구나 싶은 게 한숨이 나오더라니까."

그러면서 이야기한 게 볼펜과 연필이었다. 볼펜은 겉은 멋있지만 오래돼서 볼이 굳으면 못 쓴다. 연필은 설령 지워지기는 해도 10년이 넘어도 먹이 나온다. 그리고 연필로 쓴 글은 아주 오래 지나면 흔적도 없이 사라진다. 연필처럼 살다 가야지, 연필처럼….

인터뷰를 하는 방 안이 차다. 방바닥만 조금 미지근할 뿐 면전에는 숨 쉴 때마다 입김이 서린다. 하지만 추우면 옷 하나 더 껴입으면 그만이라는 듯 그는 아랑곳없다. 허무주의로까지 느껴지는 그의 인생관은 욕심 버리기였다. 편안과 편리를 좇자면야 한도 끝도 없는 법. 그는 세속적인 욕망과는 거리가 먼 노인이다.

그때 전화벨 소리(전화기는 그가 가지고 있는 유일한 가전제품이다)가 언 방을 울린다. 오랜 친구에게 걸려온 전화인 모양이다. '천진난만한' 목소리로 전화를 받는 그. 도시에서 걸려온 전화인지, 시멘트 위에만 살지 말고 놀러와서 흙도 좀 밟아보라는 이야기, 농투성이가 한겨울에 무슨 일이 있겠냐는 이야기, 너무 잘살려고 욕심 부리지 말라는 이야기….

농사를 지어보니 밭 갈아 씨 뿌리는 일 정도가 사람이 하는 일이고, 싹트고 크고 영그는 일은 땅 기운, 햇빛, 비바람의 조화로 이루어집디다. 농산물이란 사람의 노력이 조금만 들어간 자연의 산물인데, 철없는 인간들이 자신의 피땀만 강조하는 것 같기도 해요.

— 전우익,《호박이 어디 공짜로 굴러옵디까》 중에서

시대착오적으로 보일 수도 있지만, 또 그 스스로도 '엉망으로 산다'고 이야기하지만, 그는 흐르는 물처럼 지극히 자연에 순응하며 사는 사람이다. 그의 삶은 단순하다. 그는 덜 먹고, 덜 입고, 덜 갖고, 덜 쓰며 산다. 사람(人)만 위하며(爲) 욕망껏 사는 삶은 결국 거짓(僞)된 삶이 되게 마련인 것. 그는 풍성한 것보다는 조금 모자란 것, 빠른 것보다는 느린 것을 좋아한다. 쓰레기 버리는 게 싫어 과일을 먹을 때는 껍질까지 다 먹고, 쓸모없는 천 조각도 수십 개 모아두었다가 밥상보를 만든다. 나들이할 일이 있어 열차를 탈 때도 '유식한 놈도 없고 시끄럽게 핸드폰질하는 사람도 없는' 통일호를 꼭 이용한다.

"제발 좀 마을입구의 가로등 좀 없앴으면 좋겠어. 농촌의 밤은 깜깜해야 좋은데, 저리 불을 밝혀 놓으니 잠을 잘 수 있어야 말이지. 사람들이 광명만 찾는 게 문제야. 삼라만상에서 어둠이 얼마나 중요한 것인지를 몰라."

오늘날의 농촌이 안고 있는 문제를 물으며 정곡을 찌르는 그만의 독설을 기대했더니, 가로등을 없애라? 도통 일반적인 질의응답의 범주를 넘어서는 대답들이었다. '우익'이라는 이름으로 태어나 '좌익'에 물들었다가 종국에는 자연의 일부처럼 가장 단순한 삶을 선택한 그의 인생이력만큼이나 종잡을 수 없었다.

그는 봉화 지주의 장손으로 태어나 경성제대를 다녔다. 해방 후 반제국주의 청년운동을 했고, 6·25 이후 6년간 옥살이를 했다. 출소해서는 농사짓고 나무 가꾸며 무명씨로 산다. 아내는 수년 전 죽었으며 (숫자를 외우기 싫어하는 그는 아내가 죽은 연도를 기억하지 않는다), 타지에 나가 있는 자식들이 뭐라 하든 자연이 좋아 혼자 고향에 산다.

띄엄띄엄 이어지던 이야기가 끝나갈 무렵, 짧은 산촌의 겨울해가 많이 기울었음인지 창호지에 머물러 있던 잔광마저 자취를 감추기 시작한다. 문 밖의 하루는 밤을 재촉하고, 귀찮은 질문과 대답일랑 이제 그만하자는 듯 그는 부들자리에서 몸을 일으켜 윗목에 쪼그려 앉는다. 정과 끌을 드는 것으로 보아 나무를 다듬을 요량이다. 그의 나무 사랑은 각별하다. 봄·여름·가을에는 나무를 가꾸고 겨울에는 쓰지 못하는 나무를 주워다가 하염없이 다듬는다.

그 스스로 "엉망으로 산다"고 이야기하지만, 그는 흐르는 물처럼 지극히 자연에 순응하며 사는 사람이다. 그의 삶은 단순하다. 그는 덜 먹고, 덜 입고, 덜 갖고, 덜 쓰며 산다.

「인간이 되기 전에 예술이 나올 수 없다. 미(美)는 곧 선(善)이다.」

겨울 한철 열심히 다듬어 이곳저곳 좋아하는 사람들을 찾아다니며 하나씩 나무의 기운을 나눠준다던데, 저건 또 누구의 몫일까. 서두름 없는 그의 손놀림이 세상 이치가 다 담겨 있는 나뭇결을 따라간다.

• •

전우익 선생은 2004년 겨울, 크리스마스를 며칠 앞두고 세상을 떠났다. 크고 굵은 손, 흰 머리, 주름 깊은 볼, 두꺼운 입술에 큰 입, 입에서 나오는 말마다 삐딱한 어법이던 그의 이모저모가 지금도 눈에 선하다.

그를 만나기 전, 어느 책에선가 시인 신경림 선생이 그에 대해 쓴 글을 읽었었다─전우익이 서울에 올라와 같이 밥을 먹는데 농약 많이 쓴 재료와 조미료 많이 뿌린 도시의 밥상이 화두가 됐다. 그때 전우익은 환경을 생각한다면 그 음식을 안 먹는 게 더 큰 문제라며, 사람이 먹어서 분해하는 게 낫다며, 밥상 위의 음식을 모두 먹어치웠다. 뭐, 이런 내용이었는데, 이 이야기만 봐도 그는 분명 일반인의 사고체계를 앞서간 외곬이었다.

그리고 당시 기사에는 안 썼지만, 그에 얽힌 종잡을 수 없었던 일화가 하나 있다. 인터뷰가 밤늦게 끝났는데, 잠시 그가 군불 지피는 것을 지켜보다가 '그만 올라가겠다' 고 하니 '빨리 가라' 며 밑도 끝도 없이 화를 내는 것이었다. 이유를 몰랐다. 혹 노망이 아닌가 하는 생각이 들 정도였다. 하도 황당하고 억울해 봉화를 벗어날 즈음 차를 세우고 다시 전화를 드렸다.

"선생님, 저희가 무슨 결례라도…."

"빨리 가소 고마. 전화 끊니더."

나는 그 이유를 나중에야 알았다. 소나무 박사인 국민대학교 전영우 교수가 유추해 들려준 이야기인데, 봉화 양반들에게는 밤늦은 손님은 하룻밤을 재워 보내는 게 기본 예의라는 것이다. 그날 그가 군불을 뗀 것도 곧 우리가 잘 방을 덥히기 위함이었다. 그걸 무시하고 내 볼일 마쳤다고 쌩, 하니 올라가겠다고 했으니…. 과연 안동 양반이 울고 갈 봉화 양반이었다. 지금은 다른 세상에 계시지만 이 자리를 빌려 사과의 말씀을 드리고 싶다.

끝으로 전우익 선생이 요즘 사람들이 꼭 읽어야 한다며 권한 책 하나. 미술사학자 김용준 선생(1904~1967)이 쓴 《근원수필》이다. 책 전체가 사표(師表)가 될 만한 좋은 글로 빼곡했지만, 가장 기억 남는 부분은 예술에 대한 소감을 피력한 이 구절이다.

'인간이 되기 전에 예술이 나올 수 없다. 미(美)는 곧 선(善)이다.'

전우익

1925년 경상북도 봉화에서 태어났다. 부유한 지주의 아들로 태어나 중동중학을 졸업한 뒤 경성제국대학을 중퇴하였다. 1947년 좌익 계열의 민청에서 반(反)제국주의 청년운동을 하다, 6·25 후 사회안전법 위반으로 옥고를 치렀다. 이후 연좌제와 보호관찰 처분을 받아 자유롭지 못한 신분이 되자 낙향하여 한평생을 농사를 지으며 살았다. 2003년 뇌졸중으로 투병생활을 하다가 2004년 12월 19일 한평생 지켜온 고향 봉화군 상운면 구천리 자택에서 노환으로 세상을 떠났다.

저서로는 《혼자만 잘 살믄 무슨 재민겨》 《호박이 어디 공짜로 굴러옵디까》 《사람이 뭔데》가 있다.

두봉

ⓒ 방상운

"고향에는 가끔 가시나요?"
"자주 못 가요. 다들 '우리가 모실 테니 내려오라'고 난리인데."
"안동 말고 프랑스 오를레앙이요."
"나는 한국 사람인데요, 뭘."

잡채밥 한국인

두봉_주교

●

야트막한 언덕 위에 기와를 인 한옥과 가건물 하나. 이밖에 눈에 띄는 건 하얗게 칠이 잘된 성모 마리아 상과 낡은 종탑이 전부다. 십자가는 보이지 않는다. 주님의 은총이 퍼져가는 데는 적당한 높이로 서 있는 종탑만으로도 충분하다는 걸까. 멀리로 십자가가 꽂힌 뾰족 건물 몇이 보이지만 마음이 겸허해지는 정도로 치자면 이곳이 훨씬 낫다. 모두가 돋보이고자 애쓰는 세상에서는 돋보이지 않음이 더 돋보이기도 한다.

어느 청렴한 선비네 집마냥 수수하고 고즈넉한 행주공소(경기 고양시 행주외동). 한국 가톨릭 농민운동의 대부 두봉 주교는 예배당 옆 가건물 안에서 웃고 있었다. 보좌신부 하나 없는, 주교 혼자서 사제관으로 쓰고 있는 조립식 건물이었다. 두봉 주교에게 붙는 수식어는 가톨릭 농민운동의 대부 외에도 수없이 많다. 농사꾼 주교, 벽안의 한국인, 벽이 없는 사제, 한국인보다 더 한국을 사랑하는 사람…. 모두 다 맞는 말이지만, 혹 그에게 붙는 이러한 여러 수식어가 어색하게 느껴진다면 그

십자가는 보이지 않는다. 주님의 은총이 퍼져가는 데는 적당한 높이로 서 있는 종탑만으로도 충분하다는 걸까.

냥 '한국인 두봉'이라고 해도 괜찮다.

> 어느 농부 신자가 안동교구청을 찾아갔다가 텃밭을 일구고 있는 작달막한 농군 한 사람을 만났다. "어디로 가야 주교님을 만날 수 있나요?"라고 묻자, 그 농군은 땀을 훔치면서 "2층으로 가면 됩니다. 주교가 곧 갈 것입니다"라고 했다. 그런데 이윽고 나타난 사람은 뜻밖에도 조금 전의 그 농군이었다. "제가 두봉 주교입니다."
>
> —두봉 에세이집 《마음이 가난한 사람의 기쁨》 중에서

"두봉이라는 이름, 참 예쁘지요? 내 원래 이름은 르네 뒤퐁인데, 대전 대흥동 성당 주임신부님이셨던 오기선 신부님이 '두견새가 노래하는 봉우리'란 뜻으로 두봉(杜峰)이라고 지어주셨어요. 그런데 안동에 있을 때는 꼬마들한테 따봉 주교라는 우스갯소리도 많이 들었습니다. 그 왜 있잖아요, 무슨 음료수 광고 선전에서 따봉, 따봉 했던 거. 경상도 말로는 대끼리라고 하고."

얼굴에 가득한 웃음은 말 속에도 그대로 들어 있다. 유창한 말씨에 유머가 넘치는 화법. 두봉 주교는 자신이 이야기를 하다가도 재미가 있으면 상대방보다 더 크게 웃는다고 했다. 이렇게 얼굴에는 웃음뿐인데, 그는 어떻게 해서 한국 가톨릭 농민운동의 대부가 되었고, 농사꾼 주교가 되었을까.

모든 게 뜻이었다. 두봉 주교는 '딴 생각 없이 신부가 되었고 딴 생각 없이 한국으로 왔다.' 영웅 잔 다르크로 유명한 프랑스 중부의 도시 오를레앙에서 태어난 그는 신학대학을 졸업한 뒤 파리외방선교회에 가입, 전쟁의 상흔이 채 가시지 않은 1954년에 한국에 들어왔다. 그후 서울에서 1년 가까이 한국어를 공부하고 대전 대흥동 성당에서 13년 동안 보좌신부 생활을 거쳐, 1969년 경북 북부지방을 위해 새로 생긴 안동교구의 교구장을 맡으며 주교서품을 받았다.

"오기 전부터 한국이라는 나라를 알고 있었지만, 막상 한국에 왔을 때의 상황은 얼마나 비참했는지 몰라요. 형편없었어요. 오죽했으면 당시 교회에서 하는 가장 큰 일이 구호물자 나눠주는 것이었을까요. 지금도 강하게 남아 있는 인상은 농촌 사람 모두가 체념과 포기에 젖어 아무런 의욕이 없던 모습이에요."

지난 시절을 회상하며, '내 이야기를 할아버지의 옛날이야기로 치부하면 안 된다' 며, 웃음뿐인 얼굴에 잠시 그림자가 스친다. 그때부터 두봉 주교는 농민의 편이 된 것일까. 박정희 정권의 개발논리가 경제적인 성장에 치우쳐 있을 무렵, 그는 농민을 위해 나서기 시작한다. 물론 당시 정권이 새마을운동이나 4H운동 등 국민들에게 의욕을 심어준 것은 좋았지만, 방법의 강제성에는 마땅히 바른 말을 해줘야 했던 것이다. 유신정권이 내리막길을 걸을 때 터진 '안동 가톨릭 농민회 사건' 또한 그와 한 맥락의 일이었다.

안동 가톨릭 농민회 사건은 당시 가톨릭 농민회 분회장이었던 오원춘 씨가 납치되어 구타와 협박을 당한 사건이다. 관에서 권장한 감자씨를 심었다가 피해를 본 농민들이 보상을 요구하자, 화가 난 당시의 중앙정보부에서 오원춘 씨를 납치하고, 이에 가톨릭계의 항의 집회가 잇따르면서 큰 사회문제가 되었던 것이다. 이때 안동교구장이며 한국 가톨릭 노동 사목 담당이었던 두봉 주교는 사건의 배후 조종자로 몰려 박 정권으로부터 추방 명령을 받기도 했으나, 다행히 로마 교황청의 항의로 화를 면하기도 했다.

"오원춘 씨 납치 사건을 내가 천주교정의구현사제단에서 공식적으로 폭로했지요. 피해를 보상해달라는 당연한 요구를 힘으로 누르는 게 말이 됩니까. 아무튼 그 사건 이후 나는 가톨릭 농민운동의 대부라는 별명을 얻었습니다."

그후 시대가 몇 번 바뀐 지금, 하지만 아직도 농촌에 악순환은 남아있다고 두봉 주교는 이야기한다. 우리 농촌의 현실과 농민의 여건으로는 밀려들어오는 세계화의 압력을 당해낼 도리가 없다는 것이다. '농촌, 안동을 떠난 지 오래라 요즘은 솔직히 농촌을 잘 모른다'면서도 그는 자신의 농업관을 조목조목 짚어내고 있었다.

"시기가 조금 늦춰졌을 뿐 강대국의 논리 앞에 농산물 개방은 어쩔 수 없는 운명입니다. 이제 우리가 살 길은 질을 높이는 수밖에 없어요. 눈앞의 이익에 눈이 멀어서는 안 됩니다. 무농약이나 유기농업에 사명감을 가져야 합니다. 농산물에 벌레가 붙으면 내 자식이 병이 든 것처럼 안타깝겠지만 농약을 뿌리지 않는 용기가 필요해요. 이것이야 말로 대단한 용기이고 각오지요. 깨닫게 되면 경제적으로도 손해가 아니라는 것을 알게 될 겁니다."

🐇

성당(엄격히 말해 경기 고양시 능곡성당 행주공소)에서 바라본 행주나루 마을의 모습은 원경과는 사뭇 대조적이다. 멀리로 서해를 앞두고 있는 한강 위로는 행주대교가 우람히 서 있는데 가까이로는 낡은 오두막이 띄엄띄엄 보인다. 아마 농사꾼 주교가 말년을 보낼 곳으로 여기를 택한 것도 농촌의 흔적이 꽤 남아 있는 곳이기 때문일 것이다.

 성당 언덕배기에 마련해둔, 호미로 곱게 갈아놓은 텃밭에는 며칠 전 내린 눈이 아직 녹지 않고 남아 있다. 그나저나 무얼 가꿔 먹고 이렇게 잘 정리해둔 걸까? 요즘도 농사를 짓느냐는 물음에 두봉 주교는 손사래를 친다. 따뜻한 계절에 채소 몇 줄 심는 게 무슨 대단한 농사냐며, 농부도 평생 배우고 익혀야 할 직업인데 사제로 살아온 자기가 어찌 농사를 알겠느냐며….

 두봉 주교는 스스로를 '잡채밥' 이라고 말한다. 국산(한국인) 같기도 하고 아닌 것 같기도 하다는 것이다. 9년 전, 정년을 14년이나 남겨두고도 안동교구장직을 물러난 것은 한국인 신부에게 주교자리를 물려주기 위해서였다. 하지만 이것은 그의 뜻 깊은 배려일 뿐 어느 자리에 서건 '이 나라가 내 나라' 라고 말하는 데는 주저함이 없다. 두봉 주교

"농산물에 벌레가 붙으면 내 자식이 병이 든 것처럼 안타깝겠지만 농약을 뿌리지 않는 용기가 필요해요. 이것이야말로 대단한 용기이고 각오지요."

신도들과 함께 좋아하는 된장국을 나눠먹기도 하고, 주일이면 종탑의 종도 신나게 쳐보고….

의 '우리나라'는 망설임 없이 한국이다.

안동교구를 떠나오며 당시 김수환 추기경에게 '조그마한 공소나 돌보며 살고 싶다'고 부탁해 찾아든 행주공소. 주교라는 직함은 그대로지만 여기서 그는 있어도 그만 없어도 그만이기에, 이제 두봉 주교는 진짜 벽이 없는 사제가 되어 살아가고 있다. 신도들과 함께 좋아하는 된장국을 나눠먹기도 하고, 주일이면 종탑의 종도 신나게 쳐보고….

● ●

"주교님, 너무 과속하시는 거 아네요?"

"요즘 우리나라 차가 너무 좋아요. 가속 페달에 발만 올려놔도 시속 70~80 km는 금방 넘어버린다니까."

취재 당시, 인터뷰와 사진촬영을 모두 마친 두봉 주교는 자기 차로 우리를 인근 지하철역까지 바래다줬다. 한데 일흔을 넘긴 나이치고는 운전 솜씨가 여간이 아니었다. 속도를 내다가 경찰한테 잡힌 적도 있었단다. 물론 신부님이라며, 영감님이라며 그냥 보내줘 딱지를 뗀 적은 없지만. '사제복 덕분에 벌금을 모면했다'며 개구지게 웃는 모습에서 근엄한 주교의 자리를 내놓은 후 생활인으로서의 자잘한 맛을 즐기는 편안함을 읽을 수 있었다.

그날 이후 행주대교를 건널 때마다 다리 난간 너머로 보이는 행주공소를 바라보며 두봉 주교를 생각했다. '지금쯤 연세가 여든은 되셨을 텐데 잘 계실까' '여전히 텃밭은 단정하게 가꾸실까' 뭐 이런 생각들을 하며 지나다녔는데, 얼마 전 천주교 내부 사정을 잘 아는 신자를 통해 그가 안동으로 내려간 지 오래라는 이야기를 들었다. 인터넷을 통해 확인해보니 과연 그는 안동 인근인 경북 의성군 봉양면으로 내려가 보통사람이 되어 살고 있었다. 마음속의 고향을 잊지 못해, 정든 사람들을 잊지 못해 그들 곁으로 돌아간 것이다.

우리를 바래다준 두봉 주교의 차 안에서 마지막으로 이런 대화를 나눴던 기억이 난다.

"고향에는 가끔 가시나요?"

"자주 못 가요. 다들 '우리가 모실 테니 내려오라'고 난리인데."

"안동 말고 프랑스 오를레앙이요."

"나는 한국 사람인데요, 뭘."

안동 사람들은 좋겠다. 한국인보다 더 한국적인, 자신들을 위해 헌신 봉사한 영적 아버지와 친구하며 살고 있으니….

두봉

본명은 R. 뒤퐁으로, 1929년 프랑스 오를레앙에서 태어났다. 1949년 오를레앙 대신학교를 졸업하고 곧바로 파리 외방전교회 신학교에 입학하였다. 1951년 신학교를 졸업하고 다시 로마 그레고리오 신학 대학원에 진학하였다. 1953년 사제 서품을 받고, 1954년에 대학원을 졸업한 후 한국에 입국하였다.

1955년 대전교구 대흥동성당 보좌신부로 임명되었고, 1962년 대전교구 상서국장을 역임하였다. 1967년 파리 외방전교회 한국 지부장을 거쳐, 1969년 대구대교구 관할이던 안동지구가 안동교구로 승격되자 초대 교구장에 이어 주교로 임명되었다. 1990년 교구장직 은퇴 후 1991년부터 행주공소 사목으로 있다, 2004년 안동 인근의 경상북도 의성군으로 낙향했다.

1982년 프랑스 정부로부터 나폴레옹 훈장을 받았다.

농촌이 뿌리라면 도시는 열매라 했다. 뿌리 없는 생명체는 열매를 맺을 수 없는 법. 뿌리는 말라가고 있는데도 많은 열매만 얻으려고 애쓰지 말라 했다. 농촌 문제는 곧 도시의 문제이기도 하다는 말이었다.

4부

자연은
우리에게
'이렇게 말했다'

윤구병

ⓒ 임승수

'농촌은 인류의 생명창고이며 농민은 그 생명창고의 열쇠를 쥔 사람'이라는 윤봉길 의사의 말처럼, 농촌에 희망이 없으면 인류에도 희망이 없습니다.

나는 자연에게 '그렇게 들었다'

윤구병_농부

●

"주사 한방 맞고 가자."

11월 초, 가을걷이를 끝낸 변산공동체 식구들의 소풍 날. 한 시간 여나 올랐을까. 뒤돌아보면 서해의 고군산군도가 훤히 잡히는 안부께에서 윤구병이 일행들을 향해 소리친다. 막걸리 한 모금 하자는 말이다. 땀을 식히며, 아이들은 물로, 어른들은 막걸리로 목을 축인다. 그 사이를 놓치지 않고 우스갯소리도 몇 마디 오간다.

윤구병도, 변산 시인 박형진도, 구릿빛 농군들도, 공동체학교 아이들도, 쯔쯔가무시병을 앓다가 이제 겨우 기운을 차린 주부도 모두모두 내변산 남여치 고개에 모여, 어른 아이 할 것 없이 등에는 김밥과 과일과 막걸리와 망둥이포를 짊어지고 시작한 소풍.

소풍은 남여치에서 시작해 쌍선봉과 월명암 지나 봉래구곡의 직소폭포 보고 내소사로 넘어가는 내변산 종주 산행이다. 내변산은 해발은 높지 않아도 능선이 당차고 골이 깊다. 20리는 좋이 되는 만만찮은 길이지만 '한 해를 부지런히 건너온 우리한테 이것쯤이야' 라는 듯 다

"저것들이 또 나를 놔두고 가는구만. 고려장을 시키려는 게야."

들 산을 오르는 발걸음이 가볍다.

막걸리 한 잔으로 숨을 돌린 후 산행은 다시 시작되고, 얼마 안 가 우거진 숲길이 나타나자 윤구병은 반가운 친구라도 만난 양 길가의 수종들을 꼼꼼히 살핀다. 서어나무도, 소태나무도, 쪽동백도, 산딸나무도 모두 그의 관심사다. 그런데 나무에 넋을 놓다보니 적이 일행과 뒤처지게 되고, 대략 난감함에 괘심하다는 듯 혀를 차는 윤구병.

"저것들이 또 나를 놔두고 가는구만. 고려장을 시키려는 게야."

그때 내려오던 등산객 몇이 농부 철학자 윤구병을 알아보고는 아는 체를 하다가 새치름한 그의 말에 함께 박장대소를 하고 지나간다.

지금이야 등 따습고 배부른 농부지만 10여 년 전만 해도 윤구병은 충북대학교와 서울대학교에서 존재론을 강의하던 철학과 교수였다. 그러나 누구나 선망하는 직업을, 한 번 찼으면 그만인 철밥통을 그는 굳이 내려놓았다. 교단에 섰던 15년 동안 한 순간도 행복했던 적이 없기 때문이다.

"학생들은 삶에 대한 진정한 고민은 가슴에 묻어둔 채 학점을 위한 질문만 던지고, 나는 하나마나한 물음에 답을 해주기 위해 이런저런 책을 뒤지고…. 강의실에 들어갈 때마다 '이번에는 또 무슨 거짓말을 해야 하나' 하는 생각이 나를 괴롭힙니다."

결국 대학교수직을 그만두기로 했다. 주변에서는 '온전한 정신이

냐' 며 펄쩍 뛰기도 하고 손가락질도 했지만 부끄러운 선생으로 살아가기는 싫었다. 삶의 길을 바꾸면서 먹고사는 방편으로 농사를 선택했다. 어린 시절 늘 봐온 일인 데다가 그나마 그가 할 수 있는 일은 농사밖에 없었다. 농사꾼이 되기로 결심한 후 바다를 끼고 있어 갯살림이 가능하고 산지가 많아 산살림도 할 수 있고 평야지대라 들살림도 되는 지역을 물색하고 다녔고, 그러다가 찾아든 곳이 부안이었다.

부안으로 들어와 처음 발길이 닿은 곳은 지금의 변산면 운산리가 아닌 곰소 쪽 운호리라는 동네였다. 하지만 운호리는 산비탈 마을이라 갯살림·산살림·들살림을 다 만족시키지는 못했다. 그는 운호리를 포기하고 구경삼아 내변산 계곡을 따라 올라갔다. 그런데 산봉우리에서 보니, 북쪽으로 편안하고 따뜻한 느낌을 주는 마을 하나가 눈에 들어왔다. 저곳이다 싶어 바로 계곡을 따라 내려왔고, 마을 이장을 찾아가 땅 주선을 부탁했다. 그렇게 해서 자리 잡은 게 지금의 터전인 운산리다.

공동체는 대학 강단에 있을 때부터 구상했던 것이다. 어린 시절 고향 함평에서 봤던 훈훈한 마을 공동체의 기억이 남아 있는 데다 농사일에 서툰 사람들이 '기르는 문화' 에 충실하기 위해서는 더불어 살아야 하기 때문이었다. 윤구병이 내려오자 그를 따르던 몇몇 후배와 제자가 모여들었고, 그러면서 자연스레 공동체가 꾸려졌다.

"공동체와 공동체학교는 서로 떼어서 생각할 수 없습니다. 공동체가 어른들이 지향해야 할 목표라면, 공동체학교는 그 안의 아이들을

"공동체와 공동체학교는 서로 떼어서 생각할 수 없습니다. 공동체가 어른들이 지향해야 할 목표라면, 공동체학교는 그 안의 아이들을 제대로 사회화시키는 곳입니다."

제대로 사회화시키는 곳입니다. 산 아래에서 정상까지 오르는 가장 빠른 길을 묻는다면 다들 줄을 퉁겨서 만들어진 직선이 가장 빠른 길이라고 답하겠지만, 이것은 교과서에나 나오는 것입니다. 나이·신체·주변 환경에 따라 아이들이 산을 오르는 길은 천차만별입니다. 그러한 아이들을 제도권이라는 틀에 가둠으로써 스스로를 앞가림하는 힘과 더불어 살 줄 아는 열린 마음을 빼앗게 되는 것입니다. 우리 어릴 때를 생각해보세요. 방과 후 동네 아이들과 어울려 해질 때까지 놀던 시절이 얼마나 행복했는지. 그 속에서 아이들은 자연의 시간을 배우며 자기 삶을 스스로 조절해나가는 능력을 배웁니다. 우리 변산에서는 공동체를 둘러싸고 있는 자연환경 전체가 학교이며, 어른들의 일터가 놀이터이자 교실입니다."

공동체는 자라나는 아이들에게는 학교이기도 했다. 변산공동체학교는 모든 구성원이 교사이며, 연령 차이에 따른 학년 구별을 하지 않는다. 그동안 공동체 내 아이들의 유무와 수의 많고 적음에 따라 부침이 있기는 했으나, 지금까지 꾸준히 졸업생을 배출하며 자율성에 바탕을 둔 공동체적 인간을 길러내왔다.

요즘도 가끔 '진정 철학을 가르치는 일보다 농사짓는 게 더 행복하냐'며 물어오는 사람들이 있지만, 그때마다 윤구병은 '내 인생의 가장 큰 행복은 변산 살기'라고 분명히 말한다. 농사를 통한 행복 찾기인 만큼, 윤구병과 변산공동체의 농업관은 투철하다. '만드는 문화'가 아닌 '기르는 문화'에 충실하겠다는 초심대로, 윤구병은 지금도 논과 밭에 화학비료·농약·제초제·비닐 등을 사용하지 않고, 퇴비 사서 쓰지 않는 5무(無) 농법을 고집해오고 있다.

"많은 사람이 나한테 묻습다. 농촌에 희망이 있냐고. 하지만 농촌에서의 희망은 유무를 따질 성질의 것이 아니라 당위의 차원에서 이야기돼야 합니다. '농촌은 인류의 생명창고이며 농민은 그 생명창고의 열쇠를 쥔 사람'이라는 윤봉길 의사의 말처럼, 농촌에 희망이 없으면 인류에도 희망이 없습니다. 생명계 위기의 시대를 맞아 현실적으로 문제를 풀어갈 수 있는 열쇠를 현재의 자본주의 시스템은 갖고 있지 못합니다. 오늘날의 질서는 어떻게 하면 효율적으로 상품을 확대재생산할 것인가에 맞춰져 있어요. 다시 자연으로 돌아가야 합니다. 자연에는 세상을 살아가는 지혜가 인간 세상보다 훨씬 많습니다."

이렇게 자연과 농사를 좋아함에도 불구하고 윤구병은 요즘 반(半)불한당이 됐다. 서울에도 이런저런 벌여놓은 일이 있어 꼼짝없이 붙어 있어야 할 일이 생기기 때문이다. 평일에는 되도록 변산에서 지내지만 주말이면 어쩔 수 없이 서울 나들이가 잦다.

흔히 윤구병을 일러 '농부가 된 철학자'라고 부르지만, 한때 그는 문재를 떨친 소설가이기도 했고, 유명 잡지의 편집장이기도 했다. 어릴 적부터 문학을 좋아한 그는 서울대학교 재학시절 〈오뚜기〉라는 단편소설로 대학신문 문학상에 당선된 적이 있었는데, 그때 윤구병

"이제는 완전히 농부가 된 모양이에요. 가끔 있는 철학 강좌에 나가도 다들 철학 이야기보다는 변산 이야기를 들려달라고 한다니까."

때문에 안타깝게 떨어진 이가 우리 문단의 거목 이청준이다(이후 문단에 나온 이청준은 윤구병만 보면 '등단시켜줄 테니 빨리 글 쓰라'며 수차례 독촉했다고 한다). 하지만 당시 윤구병은 친구로 지내던 소설가 황석영의 글을 보며 자신보다 더 잘 쓴다는 것을 깨닫고는 '나는 그만둘 테니, 네가 소설 써라'며 붓을 접고 말았다.

"대학 졸업 후 1976년 한국브리태니커출판사에 입사해 한창기 사장과 함께 문화잡지 〈뿌리 깊은 나무〉(1980년 신군부가 들어서며 폐간됨)를 창간했어요. 2년 동안 편집장을 지냈는데, 정말 재미있고 보람찼던 시절이었습니다. 〈뿌리 깊은 나무〉는 우리나라 최초로 한글전용과 가로쓰기를 시도했으며 내용도 서구문화 소개 위주의 타 잡지들과 달리 가장 한국적인 것을 추구했던, 시대를 앞서간 잡지였습니다. 한창기 사장은 이후 내가 출판계에 몸담는 데도, 변산행을 결정하는 데도 큰 영향을 끼친 스승입니다."

어린이 생태 전문 출판사 '보리출판사'는 1980년대 초반 노동 현장에 나가 있던 후배를 지원하기 위해 기획한 것이다. 처음 웅진출판사의 외주 편집부로 출발한 보리출판사는 1988년 '보리기획'으로 독립했다가 1991년 '(주)도서출판 보리'로 출판사업에 뛰어들었다. 보리출판사는 외형상은 주식회사지만, 내부적으로는 '나무 한 그루를 베어낼 값어치가 있는 좋은 책을 만들겠다'는 사람들이 모인 조합 형태의 회사이다. 보리출판사에는 수익의 일부로 공익사업을 지원하는 공익위원회가 구성돼 있는데, 변산공동체도 이곳의 도움을 꽤 받고 있다.

윤구병이 서울에 올라올 때면 생활 근거지가 되는 마포구 서교동의 태복빌딩 역시 보리출판사에서 그동안 모은 공익기금으로 마련한 것이다. 이 건물에는 민족의학연구원, 한국철학사상연구회, 한국글쓰기교육연구회, 문턱 없는 밥집, 기분 좋은 가게 등 윤구병이 주도하는 각종 모임과 사업이 모여 있다.

민족의학연구원은 동의보감의 맥 잇기 작업을 하는 곳으로, 2007년 8월 재단법인화했다. 민중 중심의 전통의학을 현대적 의미로 다시 살려내 가벼운 병은 스스로 다스리고 치료하도록 하기 위해 꾸려졌으며, 동의보감 이후의 한의학 정보를 집대성해서 일반에 공개할 계획이다.

윤구병과 변산공동체, 보리출판사가 함께 운영하는 '문턱 없는 밥집'은 참된 노농 연대를 꾸리기 위해 문을 연 유기농 식당이다. 점심값으로 1000원 이상만 내면 되기에 가난한 도시 빈민도 유기농 식단을 즐길 수 있다. 이 식당에서 쓰이는 식재료는 대부분 변산공동체에서 유기농으로 생산한 것이다. '문턱 없는 밥집' 옆에 있는 '기분 좋은 가게'에서는 유기농산물·책·수공예·재활용품 등을 판매한다. 쾌적한 북 카페 형태의 휴식 공간으로 꾸며져 있어 전통차나 발효식품, 약초술도 간단히 나눌 수 있다.

"이제는 완전히 농부가 된 모양이에요. 가끔 있는 철학 강좌에 나가도 다들 철학 이야기보다는 변산 이야기를 들려달라고 한다니까. 그러나 변산의 삶에는 나의 전공인 형이상학적 존재론이 다 들어 있습

윤구병과 변산공동체, 보리출판사가 함께 운영하는 「문턱 없는 밥집」은 참된 노농 연대를 꾸리기 위해 문을 연 유기농 식당이다. 점심값으로 1000원 이상만 내면 되기에 가난한 도시 빈민도 유기농 식단을 즐길 수 있다.

니다. 있는 것을 있다 하고 없는 것을 없다 하는 것이 참이고, 있는 것을 없다 하고 없는 것을 있다 하는 것이 거짓인데, 좋은 세상과 나쁜 세상을 가리는 기준도 이것만 지키면 됩니다. 없앨 것을 없애고, 있을 것을 가꿔나가면 좋은 세상이 오는 것이지요. 나는 다만 이것을 내 삶 속에서 실천하는 것이며, 그게 곧 변산공동체입니다."

물질 에너지로 물질의 문제를 해결하겠다는 것은 언 발에 오줌 누기일 뿐이다. 폭발하는 물질 에너지는 대부분 사라지거나 오염으로 남지만, 생명 에너지는 수렴하고 응집하며 순환한다. 생명 에너지를 추구하며 단순하게 사는 작은 실천 하나가 지구를 살리는 길이다. '나는 다 보이는데, 사람들은 왜 재난을 통해서야 눈을 뜨려고 하는지 모르겠다'는 윤구병. 여시아문(如是我聞)이다. 그는 자연한테 확실히 '그렇게 들었다.'

변산에서 윤구병을 만나고 온 다음 주 주말. 점심이나 한 끼 하자는 말에 찾아간 '문턱 없는 밥집'에는 벌써 꽤 많은 손님이 자리를 차지하고 있었다. 선생님을 따라온 유치원 어린이들, 유기농 식단을 즐기는 단골들, 정말 문턱이 없는 밥집을 넘어온 초라한 행색의 사람들…. 입구에 붙은 '딱 먹을 만큼만'이라는 표어대로, 남기면 벌금을 내야 하니 저마다 딱 먹을 만큼만 떠서 식사중이다.

그런데 윤구병이 보이지 않는다. 어디에 있을까. 두리번거리다 보니 주방에 쪼그려 앉아 칼을 가는 한 노인이 눈에 띈다. 아니, 요즘 세상에 웬 칼갈이? 의아해서 유심히 뜯어보니, 그가 바로 윤구병이다. 슥삭슥삭. 칼 가는 솜씨가 보통이 아닌 듯 숫돌에 칼날 스치는 소리가 경쾌하다. 금방 시원하게 날이 선다. 그때 인기척을 느꼈는지, 전매특허인 웃음을 만면에 지으며 고개를 드는 그.

왔냐며, 이 건물 5층 사무실에서 볼일 보다가 점심 때 내려와 칼갈이 봉사하는 재미가 보통이 아니라며, 행주로 손에 묻은 물기를 훔치고 주방에서 나오는 윤구병.

"자, 우리도 식사합시다."

배식대 앞으로 간 그의 투박한 손이 밥을 뜬다. 성스러운 식사 시간이다.

∙ ∙

윤구병 선생을 만나기 수개월 전, 공동체 취재차 먼저 변산을 방문했었다. 1990년대 이후 약삭빠른 자본주의의 상술에 염증을 느낀 사람들이 늘어나며 우리나라에도 생태공동체·신앙공동체·코하우징(co-housing) 등 다양한 형태의 공동체가 생겨났는데, 다들 저마다의 방식으로 새로운 삶의 대안을 찾고 있었지만 마음 편하기로 치면 변산공동체만한 곳도 드물었다.

변산공동체를 방문할 때 의례적인 인사치레는 필요 없다. 며칠 공

변산공동체를 방문할 때 의례적인 인사치레는 필요 없다.
며칠 공동체 식구가 되고 싶다면 누구나 자연스레 그 속에 섞이면 된다.

동체 식구가 되고 싶다면 누구나 자연스레 그 속에 섞이면 된다. 안내나 소개도 따로 없으며, 원래 있던 구성원과 같이 자고 같이 일한다. 때가 되면 양껏 식사하고 설거지는 각자의 몫이다.

방문객이 지켜야 할 규칙은 단 한 가지. 최소 3박4일은 머물러야 한다는 것이다. 3박4일은 손님맞이 때문에 공동체 식구들이 허비한 시간을 함께 노동함으로써 보충해달라는 의도도 있거니와 구성원과 함께 어울리며 몸소 공동체의 본모습을 체득하라는 뜻이기도 하다. 물론 개중에는 농사에 문외한이라 도리어 밭을 망쳐놓는 경우(들깨 밭의 풀을 매라고 했더니, 엉뚱하게도 들깨 모종을 모두 뽑아버리고 명아주만 남겨놓은 사람도 있었다고 한다)도 있지만, 생태의식을 가지고 땀 흘리기를 원하는 사람이면 누구나 환영한다.

공동체 취재차, 윤구병 선생 취재차 말고도 이후 한 번 더 변산을 방문했는데, 편안함 외에 또 하나 내가 변산을 좋아하는 이유는 막걸리를 맘껏 마실 수 있다는 것이다. 변산에서는 새참 때나 저녁참 때 으레 막걸리가 따라나왔고(소주·맥주·양주 등은 일절 마시지 않았다), 큰 자장면 그릇에 한두 병을 통째로 부어놓고 돌아가며 마신다. 더 먹는 사람 덜 먹는 사람 표시도 나지 않았으며 선후배와 남녀의 구별도 없는 참 평등한 방식이었다.

윤구병 선생을 만나러 갔을 때도 그렇게 막걸리를 즐겼음은 물론이다. 늦은 밤까지 이어진 인터뷰에 윤 선생도 나도 적당히 취했고, 분위기가 얼근해지며 대화는 일상사의 크고 작은 고민을 털어놓는 자리로

까지 발전했다.

"선생님, 결혼 10년이 되니 부부 관계가 소원해져요."

"아침에 일어나 부인에게 삼배하세요."

"에이, 존심 상하잖아요. 이 양반이 뭐 잘못 먹었냐며 빈정댈지도 모르고."

"그래도 하다 보면 통합니다."

그가 내려준 결론은 단순 명쾌했다.

"부인을 부처님처럼 아껴라, 나도 변산 내려오면 서울 있는 아내에게 망배한다."

삼배라… 허허, 참. 도리가 없었다. 대가의 처방이니 한번 해볼밖에. 잘 지켜지지는 않지만, 그날 이후 가끔 아내에게 삼배를 한다.

윤구병

1943년 전라남도 함평에서 태어났다. 서울대학교 철학과와 대학원을 졸업한 뒤 《뿌리 깊은 나무》 초대 편집장을 지냈다. 충북대학교 철학과 교수로 있으면서 어린이를 위한 책 《어린이 마을》《달팽이 과학동화》《개똥이 그림책》 등을 기획했다. 1996년 교수직을 그만두고 전북 부안군 변산면 운서리로 내려가 변산공동체를 열었다.

저서로 변산 농부의 일상을 담은 수필집 《잡초는 없다》, 공동체학교 준비서 《실험학교 이야기》, 존재론 강의서 《있음과 없음》, 철학 우화집 《모래알의 사랑》, 공동체 삶을 담은 《가난하지만 행복하게》 등이 있으며, 《우리 순이 어디 가니》《바빠요 바빠》《심심해서 그랬어》 등 여러 어린이 그림책의 글을 썼다.

임락경

ⓒ 최수연

임 목사를 소개한 기사가 나가자마자 '그 양반 이단이다'
'사이비를 왜 소개했느냐'는 전화를 여러 통 받았다.
혼자 혀를 차다가 임 목사에게 그 이야기를 전하자,
역시나 그의 대답에 듣는 나까지 속이 후련해졌다.
"상관없어. 나 그 사람들한테 월급 받는 거 아니니까."

돌팔이? 돌파리!

임락경_목사

강원도 화천은 '실제 거리보다는 마음으로 느끼는 거리가 훨씬 더 먼' 고장이다. 최전방이라는, 위도 38선 이북이라는 묘한 거리감 때문이다. 이동갈비로 유명한 경기도 포천군 이동면에서 화천군 사내면으로 넘어가는, 아직 다 포장이 되지 않은 산길. 만만찮은 고개를 따라 길게 흙먼지가 인다. 이 고개가 바로 '캐러멜 고개'라는 별칭으로 유명한 광덕 고개다. 6·25 때 이 고개를 넘던 어느 장군이 피로에 지친 운전병이 졸지 못하도록 모퉁이를 지날 때마다 캐러멜을 먹였다는 바로 그 고개다.

캐러멜 고개를 다 내려오자 나타나는 광덕 검문소. 여기서 길을 물으라 했기에 검문중인 헌병을 붙잡고 시골교회 있는 곳을 찾자, 그는 과잉 친절을 베푼다 싶을 정도로 아주 자상하게 길 안내를 해준다.

"아, 시골교회 임락경 목사님 찾아오셨습니까? 이 맞은편으로 쭉 들어가면 왼쪽 기슭에 있습니다. 500m쯤 들어가면 바로 보일 겁니다. 그럼, 안녕히 가십시오. 충성!"

어, 임락경 목사가 군목도 아닌데 왜 이렇게 깍듯이 예의를 갖추지. 궁금함도 잠시, 헌병의 말대로 곧바로 시골교회가 눈에 들어온다. 그의 명성은 인근 군인들에게도 유명 짜한 모양이었다.

점점 짙어지는 녹음 외에 원색이라고는 거의 눈에 띄지 않는 단순하고 수수한 전경. 돌로 지은 몇 채의 건물들 어느 것 하나 흔히 교회를 상징하는 이미지인 뾰족한 지붕은 없다. 십자가 역시 마찬가지다. 하늘을 찌를 듯한 도회의 십자가와 달리 시골교회의 나무 십자가는 삽짝 밖 맨땅에 낮은 곳을 임하며 서 있다.

곧 다가올 장마철에 대비하기 위함인 듯, 임 목사는 교회 식구들과 함께 뒤뜰의 축대를 다시 쌓고 있었다. 땀에 전 반팔 티셔츠와 작업복 바지, 흙으로 뒤범벅된 낡은 캐주얼화, 손에 낀 목장갑…. 주위에서 손짓으로 가르쳐주지 않았다면 겉모습만 가지고서는 도저히 그를 목사라고 보기 힘든 차림새였다.

"안녕하세요, 목사님. 그런데 축대 쌓는 기술은 언제 배우셨어요?"
"배우긴 뭘 배워요. 돌팔이 방식대로 대충 이 돌 저 돌 맞춰가며 쌓는 거지."

🐇

아무리 봐도 그는 '목사님'이 아니다. 농부도 이런 농부가 없고, 촌놈도 이런 촌놈이 없다. 교회 어귀 원두막 위에서 향긋한 송화가루차로 잠시 땀을 식히며, 그는 '나는 돌팔이 목사'라며 너털웃음을 짓는다.

"허허, 목사는 부업이고 농부·지관·작명가·주례 등이 진짜 내 직업이에요. 그러니까 오늘은 목사 임락경이 아니라 전천후 농부 임락경을 만나러 왔다고 생각하면 될 겁니다."

임 목사의 '진짜 직업들'은 무엇일까? 우리의 풍습, 수맥 찾기, 집터 정하기, 음식 민간요법 등 오늘날의 현대인이 그다지 관심 갖지 않는, 때로는 미신으로 치부하는 이야기들을 그는 강연도 많이 했다. 목회자지만 우리의 민속과 풍습의 바탕 위에서 기독교 사상을 전하고 있었던 것이다.

"수맥 살피는 게 왜 미신입니까. 살기 편한 자리를 구하고 내 부모의 시신을 물구덩이에 넣지 않겠다는 것뿐인데. 왜 버터 먹고 치즈 먹은 사람들이 개발한 양약만 고집해야 합니까. 이 땅의 먹을거리로 인해 생긴 병은 이 땅에서 약을 찾겠다는데. 기독교가 들어오며 그 속에 포함된 서구문명이 우리의 전통을 미신으로 몰아붙였지만, 기독교도 이제는 우리의 풍속과 손을 잡아야 할 때입니다. 종교가 제대로 정착하려면 그 나라의 풍토 속에 잘 녹아들어야지요."

임 목사의 시골교회 생활은 철저히 우리의 전래 문화와 풍습을 따른다. 시골교회 식구들의 삶이 다 그렇다. 집도 돌로 지었고 먹을거리도 모두 자급자족이다. 농약이나 비료는 절대 쓰지 않는다. 병이 나더라도 치료법은 우리의 민간요법에서 찾는다. '우리식 방법으로 살아도 건강이 넘친다'는 게 임 목사의 지론이다. 교회 식구들이 30명이나 되지만 치과 외에는 병원시설을 이용해본 적이 없고, 모두 건강하기

농부도 이런 농부가 없고, 촌놈도 이런 촌놈이 없다. 교회 어귀 원두막 위에서 향긋한 송화가루차로 잠시 땀을 식히며, 그는 「나는 들판의 목사」라며 너털웃음을 짓는다.

에 20년이 넘도록 시골교회에서 장례를 치른 적은 딱 한 번밖에 없다. 이 정도고 보면 '돌팔이' 임 목사를 일러 세상의 이치를 돌파한 '돌파리(突破理)'라고 해도 무방하지 않을까.

시골교회는 1980년 3월 1일에 시작됐다(사실은 임 목사 또한 정확한 설립일을 모른다. 이 날짜는 그가 대외용으로 대충 정한 것이다). 전남 순창이 고향인 임 목사가 화천과 인연을 맺은 것은 이곳에서 병영시절을 보냈기 때문이다. 시골교회라는 이름은 떠돌이 장애우가 찾아오더라도 고향 같은 느낌을 받으라는 뜻에서 붙였다. 1980년 초, 15명의 정신지체 장애우와 함께 시작한 시골교회는 20년이 지난 지금 어느새 꽤 유명해져, 요즘은 전국 곳곳에서 임 목사에게 강연 요청도 많이 들어온다. 화천의 여러 군부대에서도 병사들의 인성교육을 위해 시골교회를 찾아오고 있다(아까 친절을 베풀었던 검문소의 헌병 역시 이곳 시골교회에서 인성교육을 받았음이 분명했다).

"출퇴근도 없고 봉급도 없기에, 여기서는 장애인과 정상인을 나눌 필요도 없고 누가 장애인인지도 모릅니다. 기상시간과 취침시간이 정해져 있지 않아도 모두 스스로 잘 알아서 합니다. 주일예배도 모두가 돌아가면서 주관하는데, 내 순서는 서너 달에 한 차례씩 돌아옵니다. 나는 봉사하는 게 아니라 그냥 이들과 함께 사는 것입니다."

10대 중반, 광주 '동광원'에서 '맨발의 성자' 이현필 선생의 가르침에 따라 소외받은 이들을 위한 길로 들어선 이후 결핵 환자, 실직자, 정신지체 장애인을 돌봐온 임락경 목사는 정식 목사 안수를 1986년에야 받았다. 사회적 약자들과 공동체를 이루다보니 사회 불만 세력으로 오인 받아 수시로 보안 당국의 사찰 대상이 되곤 했는데, 외압 없이 편안히 복지시설을 이끌기 위해서는 목사라는 정식 간판이 필요했던 것이다. 목사가 된 이유가 이러하다보니, 그가 바라보는 종교관은 보통의 목회자와는 분명 다르다.

"나는 가끔 고기 안주 보면 술도 한잔합니다. 예수님도 포도주 드셨는데 귀밝이술로 한잔하는 게 뭐가 나쁩니까. 눈병에 안약을 많이 쓰면 귀가 어두워지는데, 우리 누룩으로 만든 동동주를 한잔하면 귀가 뻥 뚫립니다. 그리고 남들이 욕할지 모르지만, 절간 불상 앞에서는 합장도 해요. 따지고 보면 종교가 다 한 뿌리고 한 뜻인데 무엇 때문에 서로가 옳다고 다툽니까. 주변에 마침 교회가 있어 내가 목사가 됐을 뿐이지, 아마 곁에 절이 있었으면 스님이 됐을 거고, 성당이 있었으면 신부가 됐을 게요. 중요한 것은 내가 누구냐가 아니라 어떻게 사느냐 하는 것입니다."

요즘 임 목사는 행복하다. 소싯적 이현필 선생이 강조한 가르침 세 가지—평생 농사짓겠다, 학교 안 가겠다, 병원 안 가겠다—를 모두 이루었기 때문이다. 군대 3년 빼고는 한 번도 농사를 떠난 적이 없다. 국졸 학력만으로도 잘 먹고 잘 산다. 스스로 터득한 '돌파리 잔소리' 대로 건강하게 사니까 비싼 돈 들여 병원에 안 가도 된다. 그의 이러한 삶의 실천은 기독교를 따라 들어온 서구문명의 병폐나 진정한 우리 것을 잊고 사는 우리 사회를 향한 일생의 저항이기도 했다.

"모내기하는 모습을 한번 잘 지켜보세요. 못줄을 댈 때, 한두 명 미처 못다 심은 사람이 있어도 못줄을 그냥 넘겨버려요. 그래야 더 많은 일을 하니까요. 하나의 예이지만, 어쨌든 우리의 모습이 이렇습니다. 삶은 점점 더 빨라지고, 주위야 어찌됐던 자기 잘되는 것만 생각하고, 그러다보니 우리의 풍습은 다 잃어버리고…. 지금까지 우리는 앞만 보고 달려왔습니다. 이제는 뒷걸음을 향해 박차를 가할 때가 아닐까요."

임 목사는 지난 1997년부터 된장과 간장을 빚기 시작했다. 물론 교회 식구들이 먹기도 하고 판매도 하는 것으로, 된장과 간장을 통해 우리 콩의 맥을 잇기 위해서다. 1995년 가을, 메주를 쑤기 위해 화천 장터에 콩을 사러 가보니 우리 땅에서 재배한 재래 콩이 눈에 띄지 않는 것이었다. 이래서는 안 되겠다, 싶어 임 목사는 이듬해 바로 인근 농가들과 계약해 우리 콩을 유기농 재배했다. 시중보다 1.5배의 가격을 쳐주니까 너도나도 콩을 심었고, 이렇게 해서 시골교회가 있는 광덕리에는 우리콩 농사가 살아났다.

지금 장류 사업은 시골교회 장애 아동들의 어머니인 이애리 원장(41)이 맡고 있다. 이 원장은 1986년부터 임 목사의 시골교회에 합류했다. 부산에서 사회복지 활동을 하던 그녀는 당시 심한 관절염을 앓고 있었는데, 임 목사의 '돌파리 잔소리'에 따라 병이 나은 뒤 바로 이곳에 정착했다.

단체사진 한 장 찍자는 이야기에 시골교회 식구들이 임목사 주변으로 우르르 몰려든다.

취재 말미, 단체 사진 한 장 찍자는 이야기에 시골교회 식구들이 임 목사 주변으로 우르르 몰려든다. 그리고 모두 나름대로 폼을 잡을 때, 임 목사 뒤에 딱 붙어 있던 한 젊은 친구가 카메라를 보며 살며시 V자를 그린다. 그때, 그건 어디서 배웠냐는 듯 그의 옆구리를 찌르는 임 목사.

"야, 최봉수. 그거 별로 안 좋은 거여. V자는 미국 놈들이나 하는 거여."

"그래요? 그래도 나는 이게 좋던데…."

"그럼 이번 한 번만 하고, 다음에는 다른 멋진 폼으로 좀 바꿔봐."

● ●

"올 봄쯤은 찾아올 줄 알았어."

취재 요청차 전화를 했을 때 임 목사는 '월간《전원생활》을 가끔씩 보는데 자기한테도 머잖아 연락이 올 줄 알았다'며 알은체를 했다. 역시! 매체가 다루고 있는 인물들의 성격과 부류가 자기 과라는 것은 기사를 보고 안다지만 자기에게도 곧 찾아올 것이라는 것을, 그것도 계절까지 맞추는 직감은 가히 점쟁이 수준이다. 이러니 목사 느낌이 안 나는 것은 당연지사다.

아무튼 기독교 쪽에서 보면 파격, 하면 임락경이다. 농사는 기본이고, 병원 무용론을 외치는 돌팔이 의사에, 못자리 봐주는 지관에, 수맥

까지 짚고 다니니…. 자기 말대로 그는 교회 관리하고 신도들을 거느리는 보통의 목사와는 거리가 먼 사람이다. 십자가가 꽂힌, 하늘을 찌를 듯한 뾰족탑을 싫어하고(시골교회 삽짝 밖에 세워둔 나무 십자가도 썩어내리면 없애겠다고 했다), 찬송과 설교에 필요한 피아노나 마이크 시설도 거부한다.

세상에 알려진 것으로 치자면 그의 삶과 인생 이력을 규정하기에 더 적당한 것은 목사 임락경보다는 정농회 회장 임락경이다. 임 목사는 지독하리만치 올곧게 농사짓는 사람들의 모임인 정농회 회장직을 2006년부터 맡아오고 있다. 정농회는 경천애인(敬天愛人)을 바탕으로 생명의 농업을 실천하고 있는 참된 농부들의 단체다. 그들은 자식 키우듯 농작물을 길러내고 정직한 밥상에서 건강한 삶의 답을 찾는다.

먹을거리에 관한 한 그의 주장은 거침이 없다. 너무 많이 먹어 생긴 요즘 병에는 오히려 굶는 게 보약이다, 산삼이 몸에 좋다고 100년근 산삼으로 깍두기를 담가 매끼 먹으면 얼마 못 가 죽는다, 버터·치즈 먹는 사람들이 개발한 약은 김치·된장 먹고 산 사람들의 병은 잘 못 고친다, 집짐승보다 산짐승이 좋은 것은 산에 있는 좋은 풀만 먹어서다…. 이런 식이다.

그의 말을 듣다보면 정말 병원 가고 약국 갈 필요가 없다. 하나같이 이치에 꼭 맞아 누구나 따라하고 싶은 마음이 절로 든다. 임 목사는 경기 남양주에 있는 감리교교육원에서 1년에 여섯 차례씩 7년째 '임락경의 건강교실'을 열어오고 있는데, 이 프로그램에는 현직 의사들도 종종 찾는다. 고치는 것과 먹는 것과 먹을거리를 키우는 것은 하나라

눈으로 보고 말로걸고 네손으로 일하라
이렇듯 삶을 있는 그대로 만나라
네게 참으로 될수차 않는것은 구하지 말라
그대신 참으로 최고인것들

숲 바다와 강 단순한 인간의 정직성
좋은책, 가을의 빛
그리고 새벽을 찾으라

무엇을 만들든 최선을 다하라.

그의 말을 듣다 보면 정말 병원 가고 약국 갈 필요가 없다. 하나같이 이치에 꼭 맞아 누구나 따라하고 싶은 마음이 절로 든다.

는 의식농동원(醫食農同源)을 양의들도 인정하기 시작한 것이다.

'임락경'이라는 이름 석 자 안에는 기독교 교리뿐만 아니라 유불선과 우리의 민속·민간신앙·민간요법이 함께 녹아들어 농축 발효돼 있다. 이러니 일부 근엄한 기독교 교단에서 그를 좋아할 턱이 있을까. 임 목사를 소개한 기사가 나가자마자 '그 양반 이단이다' '사이비를 왜 소개했느냐'는 전화를 여러 통 받았다. 혼자 혀를 차다가 임 목사에게 그 이야기를 전하자, 역시나 그의 대답에 듣는 나까지 속이 후련해졌다.

"상관없어. 나 그 사람들한테 월급 받는 거 아니니까."

임락경

1945년 전라북도 순천에서 태어났다. 그는 1958년 유등국민학교를 끝으로 평생 농사꾼이 되기 위하여 열여섯 살에 이현필 선생의 제자가 되고자 동광원을 찾아갔다. 북한강유기농업운동연합 초대의장, 정농회 이사, 화천친환경농업인연합회 초대회장을 역임하고, 현재 정농회 회장, 상지대학교 초빙교수, 춘천친환경농업인연합회 고문 등으로 활동하고 있다.

저서로는 《돌파리 잔소리》 《그 시절 그 노래 그 사연》 《먹기 싫은 음식이 병을 고친다》가 있다.

도법

ⓒ 최수연

수행과 실천이 안팎 없이 일치해 한국 불교의 참모습을 보여주고 있는 스님
―박노해(시인)

인드라망의 빛나는 구슬들

도법_스님

●

"허허, 나는 그저 불교귀농학교 교장 간판 달고 바람 잡는 것뿐이지요."

느티나무 낙엽이 깔린 가을 경내에 소슬바람이 지나가고 있었다. 듣던 대로 실상사(전북 남원시 산내면)는 너른 평지에 자리 잡고 있었지만, 맞은바라기에 천왕봉이 한눈에 들어오는 것으로 보아 평지라기보다는 분지나 고원에 자리한 절이라고 하는 게 옳을 듯했다. 행자가 가리키는 도법 스님의 거처로 걸음을 옮기며 '선문답(禪問答)'이 오가면 어쩌나' 하는 머뭇거림도 잠시, 방문을 열어놓고 손님을 맞는 그의 첫마디는 '나는 바람잡이' 라는 익살이었다.

'사람만이 희망' 이라는 이야기에, 그는 '또한 사람만이 문제' 라고 했던가. 절집 밖의 모습은 이미 자정이 불가할 정도로 도를 넘고 있었다. 갈 곳은 동쪽인데 서쪽으로 가고 있었다. 문제에 직면한 중생의 삶을 바르게 갈고 다듬는 것 또한 수행의 한 덕목이기에 도법은 그 방법의 하나로 실상사 땅을 내놓았고, 1998년 불교귀농학교를 차렸다. 불교귀농학교를 꾸려나가면서 도법 스님이 이야기하는 것은 부유한 농촌이나 농가의 소득 증대가 아니라 농사공동체를 통한 사회 전체의 희망 찾기였다.

사실 그는 바쁜 스님이다. 실상사 주지에 불교귀농학교 교장을 맡고 있으며, 올바른 수행자의 길을 걷고자 결성된 '선우도량', 승가교육기관인 '화엄학림'까지 이끌고 있다. 1998년 조계종이 기존의 총무원과 정화개혁회의로 나뉘어 시끄러웠을 때는 총무원장을 대행해 분란을 깔끔히 마무리 짓기도 했다(그는 사태 수습 이후 아무런 미련 없이 종단을 뒤로하고 다시 이곳 지리산 자락으로 돌아왔다). 요즘도 야간열차를 이용해 시도 때도 없이 서울을 드나들지만, 취미인 '운동 삼아 일하기' 또한 여전하다.

"농촌 생활이 과연 전원생활이 될 수 있을까요? 어렵게 살던 시절, 사람들은 돈을 찾아 도시로 떠나갔지만 이제는 생명 자체를 위협하는 도시에서의 삶에 더이상 희망이 없어졌습니다. 그러자 사람들은 다시 농촌을 회상합니다. 하지만 황폐해져가는 땅과 죽어가는 강물 등 오늘날의 사정은 농촌도 도시와 마찬가지지 않습니까. 모든 농촌 문제가 소득 논리의 틀을 벗어나지 못하고 있는 것이지요. 농촌과 도시를 오락가락한다고 해서 해결될 게 아니라 결국 철학의 문제입니다. 이제는 새로운 철학으로 농촌을 봐야 할 때입니다."

화엄학림 끝에 붙은 선방에서 감잎차를 우려내며, 도법 스님은 두서없이 농촌 이야기를 시작했다. 그러나 그것은 꼭 농촌에 한정된 것만도 아닌 것이, 끈의 한쪽 끝을 당기면 전부가 끌려오듯 사회 전체를 향한 이야기이기도 했다. 결국 그가 말하는 것은 새로운 패러다임이

"농촌과 도시를 오락가락한다고 해서 해결될 게 아니라 결국 철학의 문제입니다. 이제는 새로운 철학으로 농촌을 봐야 할 때입니다."

었다. 문제가 발생할 수밖에 없는 상황을 만들어놓고서 그 문제를 쫓아다니는 어리석음을 범하지 않으려면 철학 자체를 바꿔라!

🦎

농촌이 뿌리라면 도시는 열매라 했다. 뿌리 없는 생명체는 열매를 맺을 수 없는 법. 뿌리는 말라가고 있는데도 많은 열매만 얻으려고 애쓰지 말라 했다. 농촌 문제는 곧 도시의 문제이기도 하다는 말이었다. 그는 공존을 말하고 있었다. 농촌이 사람이 살 만한 환경으로 가꾸어진다면 자연스럽게 사람들이 농촌으로 돌아오고, 그렇게 되었을 때 도시의 문제도 해결된다는 것이다. 농촌이 튼튼하다는 것은 곧 생명의 가치를 말함이었다. 자연친화적이지 않고는 희망 있는 농촌이 될 수 없음은 오늘날의 우리 사회가 잘 가르쳐주고 있다.

"공존과 생명 가치를 위한 철학과 세계관은 욕망을 버리는 데서부터 출발합니다. 공존은 소유·독점·지배·경쟁의 논리를 버리는 것이며, 생명 가치는 자연과 개발은 싸움의 대상이 아니라 더불어 살아가야 할 우리의 터전이라는 인식에서 나오는 것이지요. 거창하게 사회 전체를 따질 필요도 없이, 아까도 말했지만 귀농이 제자리를 잡고 농촌이 바로 서려면 갈등과 대립 구조로만 되어 있는 기존의 사고들을 공존과 생명을 위한 새로운 철학으로 바꿔야 한다는 것입니다."

불교적 세계관을 상징하는 용어 중에 '인드라망'이라는 게 있다. 하늘나라 궁전(인드라)의 그물(망)이라는 뜻으로, 그 그물에는 코마다 투명한 구슬이 무수히 꿰어져 있는데, 구슬은 모두 삼라만상을 투영하고 있으며 구슬 서로 간에도 상호 투영하며 유기적으로 관계하고 있다. 관계를 떠난 존재는 없다는, 관계성의 진리를 비유적으로 표현한 게 바로 인드라망이다.

도법 스님은 불교귀농학교의 교육목표는 바로 이 인드라망에 기초하고 있다고 했다. 더불어 사는 사회, 친환경적 농업은 나와 남, 인간과 자연의 균형과 공존에서 시작된다는 것이다.

인드라망을 끝으로, 웬만큼 이야기가 마무리됐다는 듯 지그시 눈을 내리깔던 도법 스님이 자리를 털고 일어선다. 귀농의 현장을 보여주려 함이다. 경내 뒤편 가을걷이가 끝난 들에서 열댓 명의 귀농 실습자가 도라지를 캐고 있었다. 불교귀농학교는 1994년부터 준비를 시작, 1998년 봄부터 이론과 실습을 함께하는 본격적인 귀농학교로 출발했다.

"조선시대와 일제침략기를 거치며 불교의 모습이 많이 변질되었지만, 불교가 우리나라에 들어오던 초기 사찰의 모습은 농사 중심의 공동체 형태를 띠고 있었어요. 옛날의 기록을 보면 5000명 승도가 절에 머물렀다는 내용이 나오는데, 이것은 승려뿐만 아니라 신도들도 함께 공동체를 이루며 살았다는 얘기에요. 예를 들어 실상사라고 하는 하나의 도량 안에서 사상적 기초를 같이하는 사람들이 경제와 문화, 신앙 등을 함께 누리는 자급자족의 질서를 이루고 있었던 것이지요. 불교귀농학교의 교육이념은 이러한 초기 사찰의 모습을 회복하는 것이 저녁 예불 시간이 얼마 남지 않았다. 뒷짐진 손에 밀짚모자를 든 도법스님이 풍경소리 사이를 걸어 법당으로 향한다.

기도 합니다."

결국 도법 스님이 준비하고 있는 것은 인드라망에 기초한 농사공동체 사회였다. 이것은 자본주의 경제논리에 바탕을 둔 오늘날의 삶을 바닥에서부터 바꾸는 운동이기도 했다. 실습을 시작한 지 3개월째, 건강한 얼굴로 도라지를 다듬고 있는 실습생 속에 도법 스님도 함께 묻힌다. 잇따라, 누군가 우스갯소리를 했는지 한바탕 웃음이 터진다.

인연을 따라, 절이 좋아 출가한 지 어느덧 33년, '수행과 실천이 안팎 없이 일치해 한국 불교의 참모습을 보여주고 있는 스님' 이라는 박노해 시인의 찬사는 그 얼마나 멋지고 정확한 표현인가. 저녁 예불 시간이 얼마 남지 않았다. 뒷짐 진 손에 밀짚모자를 든 도법 스님이 풍경소리 사이를 걸어 법당으로 향한다.

• •

"이 사탕 같이 먹읍시다. 내가 군것질을 좋아해서 방에 개미가 많아요."

실상사 선방에서 도법스님을 대면하던 날. 종교계 거물을 인터뷰하는 부담감은 그것으로 끝이었다. 사탕 몇을 건네는 그 편안함에, 아이들 상식책에나 나올 법한, 그러면서도 내심 궁금했던 물음 하나를 지나가는 말처럼 여쭸다.

"절은 왜 깊은 산중에 있나요?"

"자비를 베풀 인가 근처가 아닌 경치 좋은 심산유곡에 틀어박혀 대

중 너희가 찾아오라며 떼쓰는 것 같아요? 아닙니다. 마치 불교가 역사 현장에서 벗어난 것으로 착각들 하는데, 숭유억불 정책을 쓴 조선왕조가 민간의 사찰을 없앤 것뿐입니다. 절은 고답적이지 않습니다. 공존과 협력, 균형을 이루는 삶의 방식이야말로 불교의 기본 입장입니다."

응당 그랬겠지만, 그 이야기는 또한 도법 스님 자신의 종교관과 삶의 궤적을 피력하는 것이기도 했다. 그는 산문 밖을 외면한 적이 없었다. 혼탁한 세상의 정화를 위해 여기저기 글도 쓰고 대중 강연을 통해 많은 사람을 만나며, 물질문명이 낳은 병폐를 생명의 가치를 통해 치유하기 위해 절 땅을 내놓아 귀농학교까지 만들지 않았는가.

사하촌의 궁핍과 혼탁에 아랑곳없이 산문을 닫고 수행만 하는 것은 그의 길이 아니었고 부처의 뜻도 아니었다. 깨달음과 삶, 자리행(自利行)과 이타행(利他行), 개인 수행과 현실 참여는 분리될 수 없는 것이었다.

취재 이후 각종 매체를 통해 들려오는 도법 스님의 족적에 더 많이 귀를 기울였고, 역시나 그는 깨달음의 수행과 실천이 일치한 삶으로 계속 우리를 감동시켰다.

2000년대로 들어서며 '인드라망생명공동체'라는 불교계 생명운동의 큰 틀을 짠 그는 그 틀을 가지고 그야말로 종횡무진 활약했다. 평화롭게 공존하는 삶을 가르치는 '실상사작은학교', 도시의 밥상과 농촌 모두를 살리자는 '인드라망생협', 실상사 주변을 아우르는 지역 공동체 '한생명', 2004년 봄 시작한 '생명평화 탁발순례'까지 그는 참 많이도 인드라망의 그물코 사랑을 실천하고 있었다.

사하촌의 궁핍과 혼탁에 아랑곳없이 산문을 닫고 수행만 하는 것은 그의 길이 아니었고 부처의 뜻도 아니었다. 깨달음과 삶, 자리행(自利行)과 이타행(利他行), 개인수행과 현실참여는 분리될 수 없는 것이었다.

그리고 인드라망의 구슬이 마침내 나에게까지 투영이 된 걸까. 2008년 여름, 기자와 취재원이 아닌, 인드라망의 하나의 구슬 대 구슬로 도법 스님을 다시 만났다. 도법 스님의 생명평화 탁발순례단이 내가 살고 있는 광명시를 찾아왔고, 우리 학교에서 하룻밤을 묵어가게 된 것이다(두 딸아이를 광명 지역에 있는 대안학교 '구름산학교'에 보내고 있다. 구름산학교는 발도로프 교육을 실천하는 미인가 초중등 통합학교다. 구름산학교는 교육공동체를 지향하기 때문에 학부모들도 아이들이 다니는 학교를 '우리 학교'라고 부른다).

"스님, 오랜만에 뵙습니다. 언젠가 취재차 실상사로 찾아뵌 적이 있는데, 기억하실는지…."

"아, 농민신문사 기자."

"저희 동네를 찾아주셔서 큰 영광입니다."

"허허, 내가 고맙지. 좀 있다 나랑 같이 백배서원이나 합시다."

생명평화 백배서원 음반에 맞춰 절을 하며, 한여름이라 땀이 비 오듯 흘렀지만 나는 참 좋았다.

도법

1949년 제주에서 태어나, 1965년 금산사로 출가했다. 봉암사와 송광사 등 제방선원에서 10년 넘게 수행했으며, 불교결사체인 '선우도량'을 만들어 청정불교운동을 이끌었다. 1990년대 중반 이후에는 실상사 주지로서 '귀농학교'와 '작은학교'를 열었고, '인드라망 생명공동체운동'을 펼쳤다. 1994년부터 종단개혁을 시작으로 불교계의 개혁과 정화에 나섰으며, 2004년에는 '생명평화 탁발순례길'에 올랐다.

저서로는 《화엄경과 생명의 질서》 《길 그리고 길》 《화엄의 길 생명의 길》 《내가 본 부처》 《부처를 만나면 부처를 죽여라》 《그물코 사랑 그물코 인생》 등이 있다.

2003년 교보생명 환경문화상 대상, 2003년 제5회 인제인성대상, 2008년 포스코 청암상 봉사상을 수상했다.

조화순

ⓒ 최수연

약한 것을 강하게 바꾸는 데 평생을 바친 '공순이들의 영원한 언니' 조화순 목사,
이제 강원도 봉평 태기산 자락에서 또 다른 희망을 찾으며 소박하게 살고 있다.

"언젠가는 춤으로
설교를 대신할 거야"

조화순_목사

●

"아유, 그냥 산에 묻혀 사는 사람, 뭐 볼 게 있다고 찾아와…."

문은 열려 있었다. 마당에 가득한 5월을 몰고 들어선 방안. 무언가를 정리하고 있던 듯 조화순 목사는 앉은뱅이책상 앞에 앉아 있었다. 겸양의 말뜻과 달리 목소리는 '어서 오라'는 듯 밝고 상쾌하다. 사람은 만날 때마다 왠지 어색한 사람이 있고 처음인데도 편안한 사람이 있다. 물론 조화순 목사는 후자다. 일흔을 넘긴 노인에게 '참, 귀여운 분'이라는 인상을 받았다고 하면 지나친 결례의 표현일까. 목사에 대한 고정관념은 조 목사를 만나는 순간 깨졌다.

방 안 풍경은 키 작은 조 목사처럼 단출하고 소박하다. 다만 눈길을 끄는 것은 깔끔한 액자 몇 개. 고(故) 늦봄 문익환 목사가 조 목사의 모습을 묘사한 시 '나는 보았다', 조 목사의 고희를 축하하며 후배 이현주 목사가 선물한 '從吾所好(종오소호, 내가 좋아하는 바를 따른다)' 붓글씨, 1990년대 초반 방북 때 북한 김일성 주석과 함께 찍은 사진….

한 사람의 가치는 그 사람의 이름이 아니라 그 사람이 살아온 삶이 말해주는 것. 어찌 보면 조화순 목사는 목사라기보다는 투사가 더 어울릴지 모른다.

약한 것을 강하게 바꾸는 데 평생을 바친 '공순이들의 영원한 언니' 조화순 목사가 강원도 봉평 태기산 자락으로 들어간 지도 10년이 넘었다. 세월이 바뀌어 노동자도 할말하는 세상이 되었지만, 그는 모든 공을 후배들에게 나눠주고 땅에서 또 다른 희망을 찾으며 소박하게 살고 있다.

조화순 목사는 누구인가. 조 목사가 '거물'임을 입증하기 위해 텔레비전에 자주 등장하는 사람들을 잠시 동원하면 이렇다. 어느 봄날 조 목사가 치아 치료를 위해 잠시 서울에 들렀을 때, 어떻게 알았는지 정계의 거목 김근태 전 의원이 찾아왔다. 어버이날과 스승의날을 맞아 조 목사를 '모시기' 위해서였다. 청문회장의 스타이자 정계 최고의 달변가인 노회찬 전 의원도 조 목사의 말이라면 끔벅 죽는다.

한 사람의 가치는 그 사람의 이름이 아니라 그 사람이 살아온 삶이 말해주는 것. 어찌 보면 조화순 목사는 목사라기보다는 투사가 더 어울릴지 모른다. 우리나라 여성노동운동사는 조화순 목사를 빼면 이야기가 되지 않는다. 조 목사는 여성노동자의 친구였고 언니였고 어머니였다. 안기부 직원들 말처럼 '식모 타입의 공순이를 대학생 타입으로' 바꿔놓은 것도 그였고, 동일방직 똥물 투척 사건을 통해 노동운동에 불을 지른 것도 그였다.

인천 동일방직 사건은 1972년 봄 한국노조 역사상 처음으로 여성 집행부가 탄생하자 회사 측과 어용노조가 똥물을 뿌리며 여성노동자를 탄압한 사건이다. 조 목사는 1966년부터 기독교 도시산업선교회에서 활동하며 전체 노동자의 80퍼센트가 여성인 동일방직에 들어가 '공순이의 생존권 찾기'를 도왔는데, 이 사건은 이후 우리나라에서 노동운동이 들불처럼 일어나는 계기가 되었다.

"1970년대와 1980년대 초반까지의 노동운동은 모두 여성이 주체였어요. 그만큼 여성노동자의 환경이 열악했거든. 당시 100명의 안내양이 생활하는 기숙사에 수도꼭지는 네 개밖에 없는 버스회사도 있었으니, 이게 도대체 말이나 되는 일이야."

인천여고 졸업 후 경기도 용인 남사초등학교에서 교편을 잡고 있던 조화순은 바른 세상을 위해서는 영혼의 각성이 필요하다는 생각에 1962년 감리교신학대학을 졸업하고 목사가 된다. 우리나라 기독교사를 통틀어 아홉번째 여성 목사였다. 그리고 서른세 살이던 1966년, 경기 시흥시 달월교회 담임목사로 있던중 당시 기독교산업선교회를 이끌고 있던 조지 오글 목사(1974년 국외로 강제 추방당함)에게 픽업되어 동일방직에 위장 취업한다. 그때만 해도 위장 취업이라는 용어조차 없을 때였으므로 당연히 우리나라 최초의 위장 취업이었다.

"농촌 아가씨들이 공장에 많이 취업하던 시절, 교단에서는 그들의 전도와 선교를 위해 여자인 나를 파송한 거야. 물론 처음부터 투쟁가는 절대 아니었어요. 그 이전까지만 해도 나의 현실 인식 수준은 4·

19 혁명을 보고서도 '왜 공부는 안 하고 저 지랄들일까' 였으니까. 하지만 현장에서 노동자들과 함께 생활하다보니 노동운동에 자연히 눈이 띕다. 결국 노동자들이 나의 스승이었지."

지식인은 아는 걸로 만족하지만 노동자는 아는 만큼 실천한다. 예수가 곧 노동자요 노동운동가였기에 가장 예수처럼 사는 것은 곧 삶에서 피어난 신학을 실천하는 것. 그때부터 조 목사는 세상의 모든 불의와 탄압에 맞서면서 투사로 다시 태어나게 된다.

집회 현장을 휘젓고 다니다보니 '악질'이라는 별명과 함께 담당형사까지 따라붙었다. 굵직굵직한 시국사건이 있을 때마다 안기부 출입과 감옥살이도 많이 했다. 1974년 긴급조치 2호 위반으로 들어갔을 때는 '영광스럽게도' 유관순 열사가 갇혀 있던 서대문 형무소 독방에 수감되기도 했다.

"1970년대에는 왜 그렇게 탄압이 심했는지…. 항상 하느님이 곁에 계셨지만, 아휴, 그때 얘기는 하기도 싫어. 여러 층을 걸어 내려가 안기부 지하 밀실로 들어가는 기분은 정말 더럽다니까. 겪고 보니 1980년대는 완전 봄 날씨더라고."

혹 '뭐, 저런 목사가 다 있느냐'며 괴이쩍어 하는 사람도 있었지만, 조 목사는 가장 충실하게 '생짜배기 몸으로 사는 예수쟁이'다. 예수도 고통받는 이들을 위해 십자가를 지지 않았는가. 조 목사가 생각하는 대중을 낚는 힘은 '민중 속으로' 다. 그 중심에 서서 이 사람들이 얼마나 배가 고픈지, 어디서 자는지, 무엇을 고민하는지 등을 헤아릴 때 진정한 예수쟁이가 되는 것이다. 소금이 '나는 소금이다'라며 부뚜막 위에 앉아만 있으면 아무 소용이 없다. 소금은 물에 녹아서 제 모습을 버릴 때 제 역할을 다하는 것이다.

예수 정신으로 살기에, 감리교 내의 젊은 목사들은 모두 조 목사를 존경하며 따른다. 지금 살고 있는 '한울다리 공동체'도 조 목사가 농촌으로 들어갈 것이라는 소문을 듣고 젊은 목사들이 몰려와 땅을 마련하고 집까지 직접 지어준 것이다.

목사나 노동운동가이기 이전에 조 목사는 순수와 따뜻함이 가득한 '사랑 덩어리'이기도 하다. 조 목사는 눈물이 많다. 주변에 널린 고통마다 가슴과 몸으로 아파한다. 이날 이때껏 살아오면서 자신만을 위한 열쇠를 가져본 적도 없다. 그의 집은 항상 모두에게 열려 있기 때문에 누구라도 와서 놀고 이야기 나누다 가면 된다. 누구에게나 사랑을 보냈기에, 안기부를 들락거리던 시절 수사관들의 우러름을 받기도 했다.

"처음에는 쌍욕을 하던 놈들이 나중에는 깍듯이 모시더라고. 보통은 무서워서 벌벌 떨게 마련인데, 두려움 없이 이것저것 태평스레 얘기하니까 감동한 모양이야. 나중에는 데모한 얘기 말고 뭐 다른 얘기 좀 해달라고 그러대. 추운데 고생한다며 담요도 더 갖다주고, 먹을 것을 들고 오기도 하고, 내 팬이라는 사람도 있고…. 허허 참, 그놈들도 순정이 있더라니까."

1996년 봄, 조화순 목사는 주위의 만류를 뿌리치고 달월교회 담임목사직을 은퇴한 후 봉평 태기산 자락으로 들어왔다. '사회가 많이 성숙된 만큼 노동계든 교회든 이제는 머리가 팍팍 돌아가는 후배들에게 물려주고 떠나야 한다'는 결심에서였다. 또한 그것은 농촌에 살고 싶다는, 초등학교 때 심훈의 《상록수》를 읽으며 꿨던 꿈을 50년 만에 이루는 일이기도 했다.

"늘 내 운동의 마지막은 땅과 생명이라고 생각해왔어요. 예전에는 남녀평등, 노사평등을 외쳤으나 이제는 사람과 자연의 평등을 외쳐나가야지. 이것도 지난날의 치열한 운동 못지않은 중요한 운동이거든. 이러한 소박하고 잔잔한 움직임이 계속 번져나가 큰 물결이 됐으면 해요."

자연은 넉넉하고 부드럽고 순하고 평화롭다. 어쩌면 조 목사의 농촌행은 날이 선 채, 우악스럽게, 투쟁만 하며, 정신없이 살아온 지난날을 정화하는 작업이기도 했다. 스스로를 회복하고 돌보기 위해서는 때로 쉬면서 재충전해야 하는데, 조 목사는 그동안 너무 오래 서 있거나 걸어온 것이다.

한울다리 공동체의 농사 규모는 5500평이다. 나이도 있고 해서 조 목사는 텃밭을 가꾸는 수준이고, 옥수수·감자 등 큰 농사는 곁에서 조 목사를 보좌하고 있는 백성현 목사 가족이 다 짓는다. 백 목사는 감리교신학대학 후배 목사로, 그 역시 땅에서 하느님의 뜻을 펴기 위해 농촌으로 들어왔다. 생산한 옥수수와 감자는 다른 농산물을 재배하는 감리교 목사들과 물물 교환한다.

모든 것을 후배들에게 물려주기로 한 만큼 마을 어귀에 있는 산돌교회의 주일예배도 백성현 목사가 담당한다. 마을 사람들이 한 번만 설교해달라고 성화지만 예배에 참석만 할 뿐 웬만해서는 강대상에 서지 않는다.

"글쎄, 조금만 젊었더라면 농민운동을 했을지도 모르지. 하지만 이제는 후배들의 시대야. 미련 없이 떠나야지. 목사도 해봤고 투사도 해봤으니 앞으로 자기 성찰 열심히 해서 도사나 한 번 돼볼까 싶어."

"아유, 이 꽃 좀 봐. 정말 예쁘네. 음, 향도 좋고. 멋있지 않아?"

인터뷰 후 사진 촬영을 위해 나온 마당가. 한창 화사하게 물이 오른 꽃사과꽃을 보며 조 목사가 감탄사를 연발한다. '조 감동'이라는 별명대로, 조 목사는 정말 감동을 잘한다. 감동은 의미 부여다. 조 목사네 마당가에 핀 꽃사과꽃은 복 받은 꽃이다.

조 목사가 태기산 자락에 정착한 후 자연을 통해 깨달은 진리는 우주가 곧 나고 내가 곧 우주라는 것, 너는 너고 나는 나가 아니라 우리는 서로 넘나든다는 것이다. 조 목사는 요즘 자신이 하느님의 품안에 있음을 실감한다.

목사로서, 노동운동가로서, 또 농부로서 주어진 상황에 최선을 다

"아유, 이 꽃 좀 봐. 정말 예쁘네. 음, 향도 좋고. 멋있지 않아?" 한창 화사하게 물이 오른 꽃사과꽃을 보며 조목사가 감탄사를 연발한다. 감동은 의미 부여다. 조목사네 마당가에 핀 꽃사과꽃은 복 받은 꽃이다.

하며 살아왔지만, 조 목사에게 한 가지 남은 아쉬움이 있다면 자신의 끼를 채 발휘하지 못했다는 것이다. 어린 시절 그는 춤 솜씨가 남달랐는데, 목회활동을 하는 동안 그것을 모두 잃어버리고 말았다. 때문에 기회가 닿으면 춤에도 한번 도전해보고 싶다는 게 조 목사의 작은 소망이다.

"언젠가는 춤으로 설교를 대신할 거야. 그때 놀러들 와요."

조화순

1934년 인천에서 태어났다. 경기도 용인시 남사초등학교에서 3년간 교사 생활 후 감리교 신학대학을 졸업했다. 경기도 시흥시 달월교회 담임목사로 있던 중 도시산업선교회 활동을 시작했으며, 1966년부터 동일방직에서 일하며 여성들의 생존권 투쟁을 이끌었다. 1976년 동일방직 똥물 투척 사건을 통해 우리나라 노동운동에 불을 지폈다. 1974년 긴급조치 2호 위반을 시작으로, 1978년 긴급조치 4호 위반, 1980년 광주민주화운동 전 75일간 구금 등 안기부와 감옥을 수없이 들락거렸다. 1996 달월교회 담임목사직을 은퇴하고 강원도 평창군 봉평 태기산 자락으로 들어가 열심히 농사지으며 살고 있다.

저서로 《낮추고 사는 즐거움》이 있다.

이병철

ⓒ 최수연

나무를 옮겨 심으면 뿌리를 내릴 때까지 몸살을 앓는 것은 당연합니다.
귀농인 본인의 의지는 물론 주변에서도 진통을 무사히 이겨낼 수 있도록
따뜻한 관심을 보내고, 국가에서도 정책적 배려를 아끼지 않아야 합니다.

나는 늙은 농부만 못하다

이병철 _ 생명평화결사 평생교사

•

"콩깍지 위로 한두 번만 왔다갔다 해주이소. 차 힘 좀 빌립시더."

논둑과 개울 사이로 난 시멘트 길을 따라 안뜸으로 들어가는 길. 그런데 저만치께 곤란한 상황이 벌어져 있다. 한 아주머니가 길 가운데 멍석을 펴놓고 콩 타작을 하고 있는 것이다. 이를 어쩐다? 경적을 울린다고 될 일이 아니라 난감해하고 있는데, 도리깨를 든 아주머니가 차 쪽으로 다가오며 말한다.

아, 그렇구나. 차가 지나가면 콩깍지가 터질 터. 차로 콩 타작도 할 수 있구나. 아주머니는 차 지나가길 기다리며 일부러 길 가운데서 콩 타작을 하고 있었던 것이다. 벽촌에서만 만날 수 있는 재미있는 삽화다.

산 너머가 마산인데도 마을로 들어오는 노선버스가 하루 두 차례뿐인 벽촌이라더니, 아니나 다를까 경남 함안군 산인면 숲안마을에는 그럴싸한 슬래브 집 하나 제대로 눈에 띄지 않는다. 안과 밖을 나누는 숲이랍시고 들 사이 봇도랑을 따라 선 고만고만한 소나무 열댓 그루가 전부지만, 무시해도 될 만하다고 여겼던지 숲 안에는 그다지 근대화가 치근대지 않았다. 이 정도면 은둔 거사 몇쯤은 머무를 만하다.

숲안마을 맨 안쪽, 풍경소리 쟁강대는 붉은 벽돌집 마당에서 이병철은 빨래를 걷고 있었다. 보송보송한 천의 감촉 때문인지 완고해 보이는 인상에도 미소가 인다. 평생을 운동에 몸 바쳐온, 몸 바치고 있는 사람의 가을 오후치고는 참 한가하고 평화로운 정경이다.

🐇

"1999년에 이곳에 터를 잡아놓았는데, 2005년에야 집을 짓고 완전히 귀농했습니다. 10년 넘게 전국귀농운동본부를 이끌며 그동안 남들에게만 귀농하라고, 농사지으라고 독촉했지 정작 나는 잘 못해요. 허허허."

무위당 장일순 선생이 써준 '吾不如老農(오불여노농)'이라는 글귀가 아래를 굽어보고 있는 서재 안. '입 농사'만 지었지 실제 농사에는 문외한이라며 자신을 낮추지만, 녹차를 우려내는 그의 손마디는 여느 농부 못지않게 굵다.

그는 논 한 마지기, 텃밭 한 뙈기와 문중 산을 일구며 살고 있다. 이병철과 숲안마을의 인연은 참으로 별나다. 마산에 살며 귀농지를 물색하던 1990년대 후반, 10만 분의 1 지도를 펴놓고 부산하지 않을 만한 곳을 톺아보고 있는데, 인근 함안 땅에서 '숲안'이라는 멋진 지명을 발견했다. 산인(山仁)면 입곡(入谷)리 숲안마을이라…. 인자한 산 계곡 안에 있는 숲속 마을이라면 됐다 싶어 낙점을 했는데, 들어오고 보

숲안마을 맨 안쪽, 풍경소리 쟁강대는 붉은 벽돌집 마당에서 이병철은 빨래를 걷고 있었다. 보송보송한 천의 감촉 때문인지 완고해 보이는 인상에 도미소가 인다. 평생을 운동에 몸바쳐온, 몸 바치고 있는 사람의 가을 오후치고는 참 한가하고 평화로운 정경이다.

무위당 장일순 선생이 써 준 글귀 「오불여노농」은 이병철의 평생 화두다.

니 마침 문중 땅이 있는 곳이었다. 그가 숲안마을로 들어온 것은 농자천하지대본을 실천하고 있는 자손을 기특하게 여긴 조상이 부른 것은 아니었을까. 아무튼 그는 요즘 '여기 사는 즐거움'에 푹 빠져 있다.

이병철—이라는 이름은 '귀농'이라는 단어와 동격이며 귀농의 상징이다. 산업화와 도시화로 농촌이 무너지며 대부분의 젊은이가 썰물처럼 도시로 몰려나간 현실 속에서, 그는 이 시대의 생태적 삶과 문명을 일구는 실천적 대안은 귀농이라며 도시 젊은이를 다시 농촌으로 이끌고 있다. 1996년 9월 문을 연 전국귀농운동본부는 귀농의 사회화를 통해 귀농을 우리 시대의 트렌드 가운데 하나로 만들어놓았다.

농민운동가로서의 이병철의 이력은 1970년대 중반 민청학련(전국민주청년학생총연맹) 사건을 겪은 후부터 시작된다. 부산대 재학중 민청학련 사건으로 1년 옥살이를 하고 나온 그는 대부분의 동지가 노동판이나 밥벌이 현장으로 흩어질 때 심훈의 《상록수》를 들고 고향인 경남 고성으로 내려간다(초등학교 5학년 때 읽은 《상록수》는 그를 바꾼 책 중의 하나다). 그는 농민의 자식이었고, 운동판에서도 농촌은 소외돼 있었던 것이다.

귀향 후 가톨릭농민회 일을 보며 투쟁 일변도를 달리던 그의 노선이 변한 건 무위당 장일순 선생을 만나면서부터. 장일순 선생과의 교류를 통해 진정한 농촌운동은 내 몫 찾기가 아니라 생명 살리기라는 것을 깨달은 그는 이후 우리밀살리기운동(1989년), 가톨릭농민회 내 우리농촌살리기운동(1995년) 등을 펼치며 농촌의 문제를 국민 모두의 문제로 격상시킨다. 그리고 지속가능하지 않으면 이러한 운동도 무의미

하다는, 젊은이들이 귀농하지 않는 한 농촌의 미래는 없다는 결론에, 여러 농업·환경 단체들과 연대해 세계에서 유일무이한 귀농 단체인 전국귀농운동본부를 꾸리게 된다.

그가 40년 가까이 운동 외길을 걸어온 데는 부친(이웅주·2004년 작고)의 영향도 컸다. 아버지는 그의 가장 든든한 지지자였다. 가난한 시골 살림에 어렵게 대학 보낸 자식이 운동권이 되어 감옥에 갇혔을 때도, 주위 사람은 모두 걱정하고 동정했지만 아버지는 태연했다. 면장으로 있던 시절, 모 기관에서 나와 '아들을 전향시키지 않으면 당신 목을 자르겠다'고 했을 때, '맘대로 해라. 그러나 그것은 또 한 명의 투사를 만드는 일이다'라고 했던 아버지였다. 아버지는 다만 제대로 하지 않는 것에 대해서만 나무라셨다.

전국귀농운동본부에서는 귀농 희망자를 조직하고 귀농학교와 실습농장을 개설해 운영하며, 흙에 뿌리내리고자 하는 사람들의 건강한 귀농을 돕고 있다. 귀농학교 이수자 다섯 명 가운데 한 명은 실제 귀농을 하는데, 이들 중 90퍼센트는 성공적으로 정착한다. 귀농학교를 거치지 않은 일반 귀농자 절반 이상이 재이농하는 것에 비하면 상당히 높은 정착률이다. 이러한 결과는 귀농의 가치에 대한 인식 차이에서 온다. 귀농학교 출신들은 생태적 가치와 자립적 삶에 대한 의식화가 이뤄져 있는 것이다.

「귀농은 삶의 틀을 통째로 바꾸는 것인 만큼 돈에 대한 개념도 마땅히 바뀌어야 합니다.」

"귀농은 삶의 틀을 통째로 바꾸는 것인 만큼 돈에 대한 개념도 마땅히 바뀌어야 합니다. 가난을 경제적 관점에서만 보거나 귀농해서 돈을 벌 작정이면 귀농 못 합니다. 농촌도 자본주의의 그늘에 덮여 있기에 생태라는 가치와 생존이라는 현실 사이에서 어쩔 수 없이 갈등이 일겠지만, 그것은 삶의 단순성으로 풀어가야지요. 돈 벌어 생수 사먹기보다는 샘에 가서 물 길러 먹고 에어컨을 사기보다는 바람 부는 숲을 찾으면서요."

물론 인이 박힌 도시의 틀을 바꾼다는 건 쉽지 않다. 오래도록 살아온 농부조차 견디기 힘든데, 하물며 벌거숭이들이 어찌 쉽게 정착할 수 있을까. 특히 의료나 교육 문제는 끊임없이 귀농인을 괴롭히는 고민이다. 돈도 돈이지만 병원이나 학교가 대부분 도시에 몰려 있는 까닭에 기회까지 원천봉쇄당한다는 피해의식은 해를 거치며 점점 커지게 마련이다.

그러나 이러한 문제는 몸에 밴 도시 생활 방식에 대해 미련을 버리지 못해서 생기는 고민들이다. 생태적인 삶을 위해 귀농한 이상 이러한 제도들을 바라보는 시각도 당연히 바뀌어야 한다. 의료 문제는 스스로 자기 몸을 돌볼 수 있는 자연 치유력을 기르면 되고, 교육 문제는 호박꽃이 장미를 흉내 낼 필요가 없는 것처럼 저마다의 개성과 소질을 꽃피우면 된다.

"나무를 옮겨 심으면 뿌리를 내릴 때까지 몸살을 앓는 것은 당연합니다. 귀농인 본인의 의지는 물론 주변에서도 진통을 무사히 이겨낼 수 있도록 따뜻한 관심을 보내고, 국가에서도 일본의 취농제도(일본에서는 '농업에 취직한다' 고 해서 '취농' 이라 부르며, 지원자에게 다양한 사회적 뒷받침을 한다)와 같은 정책적 배려를 해야 합니다."

◈

전국귀농운동본부가 꾸려진 지 10여 년. 그동안 활동의 방향과 내용도 많이 변했다. 초창기의 활동이 귀농 안내자 역할에 충실했다면 최근에는 정착준비학교·도시농부학교·마을도우미학교 등 귀농인의 정착을 위한 구체적 대책들을 세우고 있다. 정부의 정책 변화를 요구하기 위한 귀농정책연구소도 준비중이다.

그리고 이런 외형적인 변모와 더불어 무엇보다 큰 변화는, 2000년대로 들어서며 '농촌으로 들어가서 꼭 농사만 지어야 하는가' 하는 근본적인 물음을 던진 것이다. 농촌공동체를 살리기 위해서는 농부만이 아니라 목수·교사·의사 등 다양한 직업의 사람들이 함께하는 게 현실적 대안이기 때문이다.

이것은 곧 귀농정신의 사회적 확장이기도 하다. 지금까지의 귀농운동이 실천적 운동이었다면 이제부터는 귀농운동의 기본 정신을 사회 전반의 기본적 사고틀이 되게 하자는 것이다.

이러한 귀농정신의 확장은 2003년 우리 사회의 시민운동가들이 모여 시작된 생명평화운동과도 맥이 닿는다. 생명평화운동(생명평화결사)은 '세상의 평화를 원한다면 내가 먼저 평화가 되자' 는 구호 아래 생

이병철은 귀농운동이야말로 현안을 가지고 싸우는 다른 시민운동과 달리 생태적 삶과 문명을 열어나가는 진정한 운동이라고 자부한다.

명 본연의 모습 찾기를 실천하고 있는 단체로, 이병철이 평생교사를 맡고 있다.

"밥상을 살리고 생명을 살리자는 귀농정신의 지평을 넓힌 게 바로 생명평화운동입니다. 귀농운동에 오래 몸담아온 사람으로서, 귀농운동의 연장선상에서 생명평화의 대동 세상을 밝히는 데 밑거름이 되고 싶습니다."

생명평화운동의 차원에서, 이병철은 이제 우리 농민도 변해야 할 때라고 말한다. FTA에 대처하는 것도 중요하지만 '정직한 밥상은 내가 책임지겠다' '농사지을 때 생명에 대한 예의를 지키겠다'는 선언적 다짐이 있어야 한다는 것이다.

이 시대에 꼭 필요한 대안운동임에도 불구하고 시민사회 진영에서 크게 인정받지 못하는 한계가 있지만, 이병철은 귀농운동이야말로 현안을 가지고 싸우는 다른 시민운동과 달리 생태적 삶과 문명을 열어나가는 진정한 운동이라고 자부한다.

사람들은 그에게 묻는다. 왜 운동을 하느냐고. 그때마다 그는 '내가 할 줄 아는 게 이거밖에 없더라'며 썰렁한 소리를 하지만, 사실 그에게는 운동 자체가 삶이었다. 그리고 그가 무소뿔처럼 운동가로서 외길을 걸어올 수 있었던 데는 아내 박정희(마산대학 간호과 교수)의 물심양면의 지원이 있었기 때문이다.

"20대 때부터 운동판에서만 살아온 탓에 줄곧 나는 '업자'였습니다. 그러면서도 '못된 일가 항렬만 높다'고 집에서는 늘 꼬장꼬장하고 당당했지요. 밖에서는 민주화니 진보를 외치면서도 집 안에서는 지극히 권위적이고 보수적이었으니…. 세상을 향해 했던 손가락질이 다 나를 가리키는 것입디다."

아내가 두 딸을 출산하는 동안, 그는 한 번도 아내 곁을 지켜주지 못했다. 주위의 산모들이 아내에게 '남편 중동 갔냐'고 물어올 정도였다. 아빠가 가끔 들어올 때마다 하도 행동거지를 채근하기에, 두 딸 아라와 나라는 어린 시절 일기장에 '차라리 아빠가 집에 안 들어왔으면 좋겠다'고 써놓은 적도 있었다. 그렇게 처자식 내팽개치고 밖으로만 돌아다녔는데, 세상은 얼마나 나아졌단 말인가. 정작 민주와 진보와 생명평화를 실천한 사람은 그의 업을 다 받아준 아내였다. 그가 긴 날을 바깥에만 매달려 있을 때 아내는 이미 안에서 도를 닦고 있었다.

"대인여류(大人如流)라고 했던가요. 흐르는 물처럼 살고자 호까지 '여류'라고 붙이고 보니, 이제야 조금은 내 마음속에 이는 화를 알아챌 것 같습니다. 생명평화운동은 내 마음을 닦는 운동이기도 합니다."

숲안마을에 뽀얀 이내가 내려앉은 늦은 오후. 배추밭에 나가볼 시간이다. 남들보다 늦게 심은 데다 이런저런 모임 일로 종종 바깥나들이도 해야 하기에 텃밭에 심어둔 작물한테는 늘 미안하다. 두문불출하

손바닥만 하던 배춧잎이 일주일 새 부채만 해진 것으로 보아, 배추 자라는 속도는 배추벌레가 먹는 속도보다 분명 빠르다. 상업농도 아닌데 벌레 좀 먹으면 어떤가. 이래저래 사람 먹을 건 충분하다.

려고, 요즘 들어 전국귀농운동본부와 생명평화결사 외의 일은 정리하고 있지만 그래도 걸음을 해야 할 일들이 종종 생긴다.

주인이 농약을 안 칠 뿐 아니라 잡지도 않는다는 것을 아는지, 잎을 갉는 배추벌레들의 입놀림이 느긋만 하다. 손바닥만 하던 배춧잎이 일주일 새 부채만 해진 것으로 보아, 배추 자라는 속도는 배추벌레가 먹는 속도보다 분명 빠르다. 남들이 보면 게으른 자의 자기 합리화라고 하겠지만, 그는 그다지 벌레를 신경 쓰지 않는다. 상업농도 아닌데 벌레 좀 먹으면 어떤가. 이래저래 사람 먹을 건 충분하다.

"방안에 장일순 선생이 써준 글귀 봤지요. '오불여노농'이라고 '나는 늙은 농부만 못하다'는 뜻입니다. 그런데 장 선생이 왜 내게 그 글귀를 주셨을까요. 네 분수를 알라는 뜻인지 위대한 농부에게 잘 배우라는 건지…. 내 평생의 화두입니다."

이병철

1952년 경상남도 고성에서 태어났다. 1974년 부산대학교 재학중 민청학련(전국민주청년학생총연맹) 사건으로 옥고를 치렀다. 1975년 귀향해 고성 가톨릭농민회를 결성했고, 1989년 우리밀살리기운동본부를 설립했다. 1996년 9월 19일 전국귀농운동본부 설립 후 전국귀농운동본부 본부장과 생명평화결사 운영위원장을 거쳐 생명평화결사 평생교사로 활동하고 있다.

저서로《밥의 위기, 생명의 위기》《살아남기, 근원으로 돌아가기》《그렇게 당신이 있어 이렇게 내가 있습니다》《나는 늙은 농부에 미치지 못하네》가 있다.